Atlas der Engel & Feen

LUDWIG

Inhalt

Engel und Feen begleiten uns

In religiösen Schriften, im Volksglauben, in Sagen, Märchen und Mythen aller Kulturen und Zeiten finden sich unzählige Beschreibungen von den Bewohnern unsichtbarer Welten – den Elementargeistern und Lichtwesen.

Wesen aus verborgenen Sphären

Himmelsboten und Elementargeister begegnen uns bereits in der Antike bei den Sumerern, Griechen, Ägyptern und Persern. Sie werden in den Veden, den heiligen Schriften der Hindus, beschrieben, in der Bibel und im Koran ...

Berichte von geflügelten, strahlenden, lichten Wesen zeugen seit jeher von Visionen hellsichtiger, sensitiver Menschen. Viele Künstler hatten Zugang zur »Wirklichkeit, die hinter der Wirklichkeit liegt«, was sich in Werken aller Epochen widerspiegelt. Auch heute »sehen« Menschen Engel und Feen. Wenn ich daher in diesem Buch von den »Wesen der unsichtbaren Welten« spreche, meine ich damit, dass diese Wesen sich unserer gewöhnlichen Sichtweise zwar entziehen, aber nicht, dass sie prinzipiell unsichtbar sind.

Welten jenseits der Welt

Unsere Welt ist reicher und bunter, als es die übliche Alltagsperspektive erahnen lässt. Wir können unser Bewusstsein jederzeit öffnen, können Kontakt zum Reich der Engel und zur Welt der Feen aufnehmen.

Geheimnisvolles Leben um uns

Nicht nur Engel sind immer für uns da, auch Naturgeister wie Feen und Devas sowie Elementargeister umgeben uns und warten nur darauf, dass wir uns ihnen zuwenden, denn ebenso, wie wir die Wesen der unsichtbaren Welten für unsere Entwicklung brauchen, benötigen diese die Zuwendung von Seiten der

In Vollmondnächten zeigen sich Lichtwesen auf stillen Waldlichtungen und wir erhaschen einen Blick in ein Reich der Wunder.

menschlichen Seele. Das Wirken der mächtigen Lichtwesen, die uns stärken und schützen, ist von größter Bedeutung für den Fortbestand unseres Planeten und seiner Bewohner. Dazu können auch wir etwas tun. So wie wir unseren Garten pflegen, damit die Pflanzen gedeihen, so wie wir unsere Kinder oder Mitmenschen liebevoll unterstützen, damit sie sich frei entfalten können, so können wir uns auch den lichten Kräften zuwenden, die uns umgeben. Auf diese Weise wird es möglich, auf globaler Ebene positive Veränderungen herbeizuführen.

Der italienische Schriftsteller Luigi Santucci (1918) lässt im Prolog seines Dramas »L'angelo di Caino« (Der Engel des Kain) einen Engel auftreten, der von der Bühne zu den Zuschauern spricht: »... ich bin der Engel. Wer sind die Engel? Kann einer von euch sich noch daran erinnern? ... Ob ihr euch dessen bewusst seid oder nicht, wir sind bei euch ... in der von Gott besiegelten, unabänderlichen Weise, in jedem Augenblick, ohne Ablenkung, ohne eine Ruhepause!«*

Um Engeln und Feen etwas von der Kraft zurückzugeben, mit der sie uns so reichlich beschenken, bedarf es keiner großen Taten. Es genügt, sich ihrer allgegenwärtigen Existenz bewusst zu werden, sie »wahr« zu nehmen und sie zu respektieren. Ich möchte Sie dazu einladen, den Wesen der unsichtbaren Welten mehr Raum in Ihrem Leben zu geben und mit ihnen in lebendigen Kontakt zu treten. Die Welt der Engel und Feen entdecken heißt auch, in ein Reich der Magie und Poesie einzutauchen. Wo immer das Dasein grau,

Der in allen Farben schillernde Regenbogen schlägt eine Brücke vom Jenseits ins Diesseits, auf der die Geister wandern.

eintönig oder sinnlos zu werden scheint, wird es höchste Zeit, Augen, Ohren und Herz zu öffnen. Sie selbst halten den Zauberstab, mit dem Sie Ihr Leben verzaubern, in der Hand – Sie müssen ihn nur benutzen...

Schlüsselerlebnisse

Wer offen über Engel und Feen spricht, der muss damit rechnen, etwas komisch angeschaut zu werden. Schließlich glauben viele Menschen nur das, was sie sehen. Dementsprechend tun sie die unsichtbare Welt als Aberglauben und baren Unsinn ab. Doch für andere ist das Feenreich, ist der Kontakt zu ihrem Schutzengel, so real wie das Fahrrad, das vor ihrer Haustür steht. Woher kommt dieser Unterschied? Sind Menschen, die zu Engeln beten, »verrückt«, während alle anderen »normal« sind? Wohl kaum! Eine repräsentative Umfrage hat ergeben, dass fast 55 Prozent der Deutschen an Engel oder Naturgeister glauben: Darunter sind Frauen und Männer,

Ohne ihren Schutzengel wären Kinder vielfältigen Gefahren ausgesetzt; die Lithographie von 1875 zeigt ein beliebtes Motiv.

Großeltern, Kinder, Postboten, Professoren, Taxifahrer, Malerinnen, Wissenschaftlerinnen, Gärtner – kurzum, völlig normale Menschen aus allen Teilen der Bevölkerung. Woran liegt es, dass diese Menschen an Wesen glauben, die sich der gewöhnlichen Wahrnehmung entziehen? Ganz einfach daran, dass sie den Schlüssel zur verborgenen Welt fanden. Irgendwann in ihrem Leben hatten sie eine Erfahrung, die ihnen die Augen für die andere Wirklichkeit öffnete.

Eine neue Sicht der Dinge

Schlüsselerlebnisse führen dazu, dass unsere Sicht der Dinge sich radikal ändern kann: Wer nur einmal einen Engel »gesehen«, wer in der Natur nur einmal die Stimmen der Feen »gehört« oder wer nur einmal die Energie gespürt hat, die von einem besonderen Baum ausging, der weiß, dass auch die unsichtbare Welt äußerst real sein kann. Und so wichtig die Luft, die uns umgibt und die wir ja auch nicht sehen können, für unser Überleben ist, so bedeutsam ist es für unsere Seele, dass wir uns mit der Realität beschäftigen, die jenseits des Alltäglichen liegt.

Engel und Feen wahrnehmen

Ich bin mir sicher, dass die meisten von uns irgendwann in ihrem Leben bereits Begegnungen mit Engeln und Naturgeistern hatten. Doch nicht jeder kann solche Erfahrungen richtig einordnen, und nicht jeder möchte öffentlich darüber sprechen. Da Sie dieses Buch in den Händen halten, haben Sie womöglich auch schon Engel gesehen oder Erfahrungen mit Geistern der Natur gehabt. Oder vielleicht tragen Sie auch eine unbestimmte, ahnungsvolle Sehnsucht in Ihrem Herzen, die Sie dazu veranlasst, auf die Suche nach diesen anderen Welten zu gehen. Dieses Buch kann Ihnen dabei helfen, einen Schritt weiter zu gehen. Vielleicht kann es zu einem Schlüssel werden, der die Tore zu den Engel- und Feenreichen spontan für Sie öffnet. Zumindest aber wird es Ihnen die Richtung weisen können und Ihnen einige Anregungen mitgeben, damit Sie Ihre eigenen Erfahrungen sammeln können. Schlüsselerlebnisse können zwar nicht bewusst »gemacht« werden, doch es lassen sich gute Voraussetzungen für diese besonderen Erfahrungen schaffen.

So hilft Ihnen dieses Buch

Die Begegnung mit Engel und Feen ist immer eine höchst individuelle Angelegenheit, und das gilt ganz sicher auch für die Reise in die unsichtbaren Welten. Es gibt so viele Wege, wie es Menschen gibt. Letztendlich muss jeder seinen eigenen Zugang finden. Von daher stellt dieses Buch auch nur ein Angebot dar. Es kann als kleiner Reiseführer dienen, kann Ihnen bei der Orientierung helfen und Sie auf interessante »Sehenswürdigkeiten« aufmerksam machen. Doch ersetzt der Reiseführer nie die Reise. In welche Richtung Sie sich bewegen wollen, bleibt Ihnen überlassen.

Erfahrungen machen

Das Reich der Lichtwesen und Naturgeister lässt sich nicht im Labor erforschen. Engel und Feen weigern sich glücklicherweise beharrlich, sich in Reagenzgläser einsperren zu lassen. Von daher wird auch jeder enttäuscht sein, der nach wissenschaftlichen Daten sucht. Dennoch gibt es einen Weg, um in die Welt der Engel und Feen zu gelangen. Dieser Weg führt über Offenheit, Sensitivität und über die eigene Erfahrung.

Vorbereitungen für die Reise

In diesem Buch finden Sie Anregungen, wie Sie Ihr Bewusstsein für die Wesen unsichtbarer Welten öffnen.

➤ Sie können Ihr Wissen über Naturgeister und Engel vertiefen und sich einen Überblick über die Tradition der Elfen, Nixen, Nymphen und Engelwesen verschaffen.

➤ Indem Sie über Naturgeister und Engel in der Mythologie und den heiligen Schriften lesen und sich mit alten Bräuchen beschäftigen, werden Ihnen Zusammenhänge bewusster.

➤ Sie können Rituale und Meditationen ausführen, um ganz praktisch mit den Energien der belebten Natur zu arbeiten und den Feenzauber für Ihre Gesundheit und Ihre Entwicklung zu nutzen.

➤ Sie können Ihr Bewusstsein für Lichtwesen verfeinern. Durch die richtige Vorbereitung und Ausrichtung können Sie sich einstimmen und somit den Kontakt zu den Engeln und Naturgeistern erleichtern.

➤ Wenn Sie Ihre »Antennen« richtig ausgerichtet haben, dann wird Ihr »Empfang« auch optimal sein.

➤ Sie können sich von den Zitaten, Gedichten und Bildern, die Sie in

diesem Buch finden, inspirieren lassen. Engel und Feen leben in einer Welt der Schönheit und Poesie. Indem Sie mehr Farben, Düfte, Musik und »Atmosphäre« in Ihr Leben zaubern, werden Sie für Lichtwesen zu einem beliebten Gastgeber.

➤ Sie können sich die heilenden Kräfte der Elementargeister zunutze machen und sich mit der geheimen Bedeutung der Wasser-, Erd-, Luft- und Feuergeister beschäftigen, um sich selbst besser kennen zu lernen und Ihre Persönlichkeit zu entfalten.

➤ Sie können den Kontakt zur Natur intensivieren, indem Sie die Naturwesen der Wälder, Flüsse, Seen und Wolken aufsuchen. Experimentieren Sie mit Meditationen und Ritualen.

➤ Sie können Ihre Engel um Hilfe bitten, wenn es darum geht, schwierige Situationen zu meistern oder

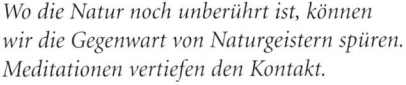

Wo die Natur noch unberührt ist, können wir die Gegenwart von Naturgeistern spüren. Meditationen vertiefen den Kontakt.

BEGEGNUNGEN

Es gibt Schlüsselerlebnisse, die die Tore zum Feenreich oder zur Welt der Engel öffnen. Vielleicht …

❀ …haben Sie jemanden getroffen, dessen Bericht über Engel oder Naturgeister Sie berührt und neugierig gemacht hat.

❀ …hatten Sie außergewöhnliche Erlebnisse, sind in der Natur plötzlich still geworden, weil Sie eine ganz besondere Kraft um sich herum fühlten.

❀ …ist Ihnen in einer schwierigen Phase Ihres Lebens ein Engel begegnet, der Ihnen neuen Lebensmut und Kraft gegeben hat.

❀ …hatten Sie einen beeindruckenden Traum, in dem Ihnen Wesen erschienen sind, die nicht »von dieser Welt« waren; vielleicht fasziniert Sie die Erinnerung an diesen Traum bis heute.

Nur selten spüren wir den Zauber der beseelten Natur – »heilige Momente«, in denen wir mit der Natur eins werden.

anderen zu helfen. Nehmen Sie Kontakt zu Ihrem Schutzengel auf, und bitten Sie ihn um Unterstützung.
⇒ Sie können auch lernen, die Sprache der Engel und Feen besser zu verstehen und Botschaften zu deuten, die Sie in Träumen oder in Meditationen empfangen.

Die Wiederentdeckung des Zauberhaften

Als Kinder waren die meisten von uns der Feen- und Elfenwelt noch sehr nahe. Kinder haben außerdem gute Kontakte zu ihren Schutzengeln. Je jünger Kinder sind, desto näher sind sie ihrem göttlichen Ursprung. Je länger wir auf dieser Erde leben, desto schwerer fällt es uns, die Wesen zu erinnern, die in den unsichtbaren Welten wohnen. Kein Wunder also, dass Erwachsene nur noch selten »heilige Momente« erleben, in denen Wolken, Wind, Bäume oder Blumen zu sprechen scheinen. Die Abkehr vom Mystischen, das Absterben der Phantasie und den Prozess der Entzauberung beschreibt Heinrich Heine (1797–1856) sehr schön in seinem Gedicht »Waldeinsamkeit« (Seite 10). Während der Anfang des Gedichts noch lebendige Feenerfahrungen aus seiner Jugend schildert, siegt am Schluss die Ernüchterung, die mit dem Erwachsenwerden einhergeht.

Zurück zu den Ursprüngen

Die Entzauberung ist ein normaler Prozess. Er hängt mit unserer Entwicklung auf dieser Erde und mit der notwendigen Orientierung an materiellen Belangen zusammen. Sind die Ich-Kräfte im Erwachsenenalter jedoch erst einmal entwickelt, wird es Zeit, sich wieder daran zu erinnern, woher man eigentlich kommt.
Es ist wichtig, dass wir irgendwann wieder lernen, zu staunen und mit Kinderaugen zu sehen.
Glücklicherweise haben immer mehr Menschen das Bedürfnis, ihre Herzen zu öffnen. Die Sehnsucht nach Verzauberung ist nichts anderes als eine intelligente Reaktion. Zu Beginn des neuen Jahrtausends scheint unsere Situation verfahrener denn je. Technischer Fortschritt, Börsenkurse, Konsum und wirtschaftliche Interessen bestimmen das Weltgeschehen. Die mangelnde Rückverbindung zum göttlichen Ursprung hat den Menschen ängstlich gemacht.

Während er das Vertrauen in die Kräfte des Himmlischen und die Macht der Erde verloren hat, klammert er sich an alles, was ihm scheinbare Sicherheit vorgaukelt. Egoistische Interessen haben Atomkraftwerke, genmanipulierte Nahrungsmittel, das Klonen von Lebewesen und die Zerstörung unserer natürlichen Umwelt möglich gemacht. Die Folgen, die sich daraus für unser Klima und die Erde ergeben, kann man täglich in den Medien verfolgen. Wann ist der beste Zeitpunkt, umzukehren? Heute! Der jetzige Augenblick ist der richtige Moment, um sich seines Ursprungs wieder bewusst zu werden. Die Beschäftigung mit Lichtwesen wie Engeln und Naturgeistern ist eine Möglichkeit. Wir können diese guten Mächte in unser alltägliches Leben einbeziehen, wie es früher überall Brauch war. Letztlich geht es um die Frage nach Realität. Das, was wir sehen und hören, scheint real zu sein. Doch unsere Wahrnehmung ist von vielen Faktoren abhängig – z. B. von unseren Sinnen, unserem Gehirn, kulturellen und aktuellen Einflüssen.

Heute sind Engel und Feen in die Welt der Märchen, Mythen und der Religion verbannt (»Weiße Frau«, Moritz von Schwind).

WALDEINSAMKEIT

*Oh, schöne Zeit! wo voller Geigen
Der Himmel hing, wo Elfenreigen
Und Nixentanz und Koboldscherz
Umgaukelt mein
märchentrunkenes Herz!
Triumphespforten zu wölben schienen
Die Bäume des Waldes –
Ich ging einher, bekränzt,
Als ob ich der Sieger wär!*

*(...) Im Walde sind die Elfen
verschwunden,
Jagdhörner hör ich,
Gekläffe von Hunden;
Im Dickicht ist das Reh versteckt,
Das tränend seine Wunden leckt.
Wo sind die Alräunchen?
Ich glaube, sie halten
Sich ängstlich verborgen in
Felsenspalten.
Ihr kleinen Freunde,
ich komme zurück,
Doch ohne Kranz und ohne Glück.*

*Wo ist die Fee
mit dem langen Goldhaar,
Die erste Schönheit, die mir hold war?
Der Eichenbaum, worin sie gehaust,
Steht traurig entlaubt,
vom Winde zerzaust.*

*Der Bach rauscht trostlos
gleich dem Styxe;
Am einsamen Ufer sitzt eine Nixe,
Todblass und stumm,
wie 'n Bild von Stein,
Scheint tief in Kummer
versunken zu sein.
Mitleidig tret ich zu ihr heran –
Da fährt sie auf und schaut mich an,
Und sie entflieht
mit entsetzten Mienen,
Als sei ihr ein Gespenst erschienen.*

HEINRICH HEINE (1797–1856)
(aus: »Waldeinsamkeit«)

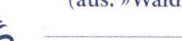

*Zum Medium der Götter und Geister wird der
Schamane, wenn er sich in Ekstase auf die
Seelenreise begibt.*

Die schöne Loreley betört mit ihrem verführerischen Gesang die Schiffer auf dem Rhein und bringt sie in Gefahr (Bildpostkarte von 1924).

Die Weltsicht der Schamanen

Für Schamanen sind Bäume auf eine sehr reale Art lebendig. Sie haben zu Wesen anderer Sphären ein ebenso inniges Verhältnis wie zum Regen, zur Sonne oder zum Wechsel der Jahreszeiten. Die Indianer waren der Natur eng verbunden. Sie kannten verborgene Wesen, die durch die Natur zu den Eingeweihten sprachen. Die Algonkin in Kanada nannten die übernatürlichen Geister Manitu, was »Geist« bedeutet. Sowohl der »Große Geist« als auch die in der Natur lebenden Geister – unerschöpfliche Quelle magischer Energien – hießen Manitu. Die Indianer wussten, dass in Bergen und Bäumen besonders mächtige Geister wohnten. Und sie verehrten Erde, Himmel, Donner und Blitz als beseelte Geistwesen.

Wenn wir weit genug in die Vergangenheit zurückreisen, finden wir in allen Völkern Bräuche, die vom Wissen der anderen Wirklichkeit zeugen. Die Menschen der alten Zeit standen den Engeln und Feen sehr nah. Doch auch heute können wir jederzeit Kontakt zur geistigen Welt aufnehmen. Wer Ohren hat zu hören, der wird auch die Stimme seines Engels vernehmen. Und wer bereit ist, sich zu öffnen, dem kann jede Blume, jeder Baum eine Geschichte erzählen.

Vermittler zwischen Himmel und Erde

Es gibt heute sehr viele Bücher über Engel. Und einige dieser Bücher beschäftigen sich auch mit Naturgeistern und Feen. Doch seltsamerweise gibt es bisher kaum einen Buchtitel, der das Thema »Engel« und das Thema »Naturgeister« gleichwertig behandelt. Kein Wunder, schließlich scheinen die Engel eher im Bereich der Religion, die Feen und Elementarwesen hingegen eher in den Mythen, Sagen und Märchen eine Rolle zu spielen.

In einer verklärten Nacht offenbaren sich die Geister der Erde, während den Engeln der unendliche Himmel vorbehalten ist.

Engel und Naturgeister

Wenn wir genauer hinsehen, erkennen wir, dass es durchaus ähnliche Wurzeln gibt. In der Tradition der alten Völker werden oft Wesen beschrieben, die wir heute sowohl als Engel als auch als Naturgeister auslegen könnten. In nordeuropäischen Sagen des 18. und 19. Jahrhunderts tauchen beispielsweise »Weiße Frauen« auf, die weiß gekleidet sind, Licht ausstrahlen und über dem Boden schweben. Ob hier Engel oder Feen gemeint waren, ist unklar. Auch in den östlichen Religionen ist die Unterscheidung oft schwierig. Zum Beispiel wissen wir nicht genau, ob die »Devas« (Seite 21f.) eher den Engeln oder den Naturgeistern entsprechen. Die Grenzen sind teilweise fließend. Doch es gibt noch einen anderen guten Grund dafür, Ihnen in diesem Buch sowohl die Engel als auch die Feen näher zu bringen. Dieser Grund hängt mit der tieferen Bedeutung der Repräsentanten der unsichtbaren Welten zusammen. Engel sind die Boten Gottes, die Feen die Geister der Natur. Beide Gruppen haben eine besondere Bedeutung für die Entwicklung des Menschen. Sowohl Feen als auch Engel bieten demjenigen, der sich mit ihnen befasst, ungeheure Chancen. Denn sowohl Himmels-boten als auch Naturgeister spielen eine wichtige Rolle als Vermittler – sie stellen sozusagen »gute Kontakte« her. Die Engel stellen den Kontakt nach »oben« her, denn sie führen uns in das Reich des Himmels und lassen uns göttliche Hilfe zukommen. Feen und Naturgeister ermöglichen es uns, die Energien der Natur zu nutzen und die Erde als beseeltes Wesen zu erkennen.

Erst dann, wenn wir durch die Engel mit dem »Oben«, dem Himmel, und durch die Feen und Naturgeister mit dem »Unten«, der Erde, verbunden sind, können wir unser ganzes Potenzial nutzen. In diesem Moment stehen uns alle Möglichkeiten offen:

Wir können über unsere heilenden, lichten, harmonisierenden und Frieden stiftenden Kräfte jederzeit verfügen und sie einsetzen, wo und wann immer es notwendig ist.

 ———————

Wisst ihr, dass die Bäume sprechen? Ja, sie sprechen; sie sprechen unter sich, und wenn ihr euch die Mühe macht, ihnen zuzuhören, werden sie auch zu euch sprechen. Die Schwierigkeit der Weißen liegt darin, dass sie nie zuhören. Sie haben die Stimme ihrer indianischen Brüder nicht gehört, wie sollten sie da die Stimme der Natur hören? Ich habe viel von den Bäumen gelernt: Manches über das Wetter, manches über die Tiere und manches über den Geist des Universums...
WALKING BUFFALO

 ———————

»Ist nicht der Himmel der Vater, die Erde die Mutter? Und sind nicht alle Lebewesen, ganz gleich ob sie nun Füße, Flügel oder Wurzeln haben, ihre Kinder?«, sagt Schwarzer Hirsch, ein Schamane der Sioux.

DIE AUFGABEN VON ENGELN UND NATURGEISTERN

❋ Engel	Boten Gottes	Sie stellen den Kontakt zum Himmlischen Vater her und machen dem Menschen seinen himmlischen Ursprung bewusst.
❋ Naturgeister	Boten der Natur	Sie stellen den Kontakt zu Mutter Erde her und machen dem Menschen seinen irdischen Ursprung bewusst.

Die Geister der Natur

Naturwesen offenbaren sich uns Menschen auf sehr unterschiedliche Weise. Sie können uns überall dort begegnen, wo die Natur mit ihren Elementen Erde, Feuer, Wasser und Luft respektiert und mit Liebe für Blumen und Bäume gesorgt wird.

Mit der Erde verbunden

Feen, Elfen und Elementargeister leben in einer verborgenen Welt. Sie lassen sich nicht von außen, sondern nur von innen erkennen. Wissenschaftliche Betrachtungen helfen nicht weiter: Wenn Sie etwas herausfinden wollen, müssen Sie praktische Erfahrungen sammeln.

Naturwesen

In religiösen Schriften, Mythen und Märchen aller Kulturen werden unterschiedliche Naturgeister beschrieben, die die Visionen von Sehern, Weisen und Priesterinnen widerspiegeln. Diese seit Jahrtausenden überlieferten Erfahrungen zeigen, dass Menschen immer wieder Begegnungen mit den Lichtwesen der Natur hatten, sie jedoch unterschiedlich wahrnahmen. Jede Kultur und Zeit hat ihr eigenes Weltbild, und so unterscheiden sich auch die Beschreibungen der Bewohner der unsichtbaren Welt erheblich voneinander. Dennoch – auch wenn die Griechen von Nymphen und verschiedenen Göttern, die nordischen Sagen von Elfen oder die Märchen und der Volksglauben von Feen oder Gnomen berichten – immer haben wir es hier mit symbolischen Figuren zu tun, die die Energiewesen der Natur repräsentieren.

Der folgende Überblick über die Naturgeister zeigt, wie unsere Ahnen Feen und Elfen wahrgenommen haben. Sicherlich werden Ihre Feenerfahrungen sich nicht mit denen der Griechen, der Kelten oder mit dem mittelalterlichen Volksglauben decken! Das Bewusstsein des heutigen

Dort, wo Blumen und Pflanzen ungestört wachsen können, fühlen sich Feen und andere Naturgeister wohl.

Menschen steht auf einer ganz anderen Stufe. Heute haben wir die Möglichkeit, uns ohne Ängste, Aberglauben und falsche Ehrfurcht mit den Lichtwesen der Natur zu verbinden.

Meerjungfrauen sind menschenähnlich, doch fehlt ihnen eine Seele. Diese erlangen sie nur durch die Liebe (Gemälde von Arthur Rackham).

Wo leben Zwerge, Nixen, Sylphen und Nymphen?

Wenn wir heute in die Natur gehen, um Kontakt zu Energiewesen der Erde aufzunehmen, wird es nicht darum gehen, leibhaftigen Zwergen mit roten Kappen und weißem Bart zu begegnen, die an einem Schwert schmieden. Diese Zwergenvorstellung ist symbolisch zu sehen: Der Zwerg (kleines Wesen, männliche Energie) mit Bart (symbolisiert das hohe Alter der Naturgeister, die oft so alt wie die Erde sind) schmiedet Eisen (Erdgeister arbeiten mit der materiellen Struktur der Erde, wie Erzen, die durch das geschmiedete Eisen versinnbildlicht werden). Ähnlich wie Zwerge sind Nymphen, Sylphen, Meerjungfrauen oder die Götter der griechischen, römischen und keltischen Mythologie symbolische Vertreter der Naturgeister.

So gesehen ist es interessant, möglichst viel über alte Bräuche, Märchen und Mythen zu erfahren, denn dadurch können Sie Zusammenhänge erkennen und Ihre Intuition anregen. Ich empfehle Ihnen grundsätzlich, viel über Naturgeister zu lesen und darüber nachzudenken, welche tiefen Wahrheiten in Sagen und Märchen verborgen sind.

In diesem Sinn ist auch folgende Zusammenfassung über die Geistwesen der Natur als Anregung gedacht.

»Ach wie gut, dass niemand weiß...

... dass ich Rumpelstilzchen heiß«, lesen wir im berühmten Märchen der Brüder Grimm. Kaum ist sein Name jedoch erraten, verliert der böse Zwerg auf der Stelle seine Zaubermacht – ein schönes Beispiel dafür, dass es nicht immer von Vorteil ist, den Namen auszusprechen. Im Feen- und Elfenreich begegnet uns eine verwirrende Fülle unterschiedlicher Namen und Bezeichnungen. Es tauchen in Märchen, Mythen und Sagen so unterschiedliche Wesen wie Alben, Asuras, Asrai, Devas, Fairies, Kobolde, Najaden, Nereiden, Nixen, Sylphen, Trolle, Undinen, Zwerge und noch manch andere Naturgeister auf. Kennen Sie sich noch aus? Wenn nicht, ist es kein Wunder.

Ein buntes Völkchen

Die Verwirrung entsteht vor allem dadurch, dass jedes Volk seine eigenen Namen für die Naturgeister hat. Während wir die Bewohner des Naturreiches in Deutschland im Allgemeinen als Feen, Elfen, Nixen und Zwerge bezeichnen, kennen die Russen ihre Leschiye, die Engländer ihre Fairies und Pixies. Die Schotten erzählen ihren Kindern Geschichten von den Selkies, während in Skandinavien vom Ellefolk die Rede ist. Die Holländer lieben die Alven, die in den Alvinnenhügeln leben, und kennen den Klabouter, einen fleißigen und schlauen Zwerg. In Österreich tragen die Naturgeister so lus-

Wasser wird dem Weiblichen zugeordnet und von Geistern bevölkert, die locken, verführen und auch den Tod bringen (»Hylas und die Nymphen«, John William Waterhouse, 1890).

tige Namen wie Butz, Zapfenmandl, Schabbock und Nörggele. Auch die griechische Mythologie beschreibt Wald-, Berg-, Luft- und Wassergeister, wie die Nymphen, die sich wiederum in Dryaden, Nereiden, Okeaniden und andere Bewohner der Erde, Lüfte und Gewässer unterteilen lassen. Die Inder berichten von Devas, während die Perser feenhafte Wesen als Peris bezeichnen (Lexikon, Seite 87ff.). Nicht genug damit, bringen einige Autoren und »Feenexperten« noch eigene Namen ins Spiel und tragen zur allgemeinen Verwirrung bei. Doch ob Sie von Elfen, Devas oder Naturgeistern sprechen, ist im Grunde Ihre persönliche Sache. Wenn Sie wollen, können Sie die Namen von Engeln und Feen in Meditationen erfahren. Manchmal kann es auch hilfreich sein, Bäume oder Blumen, die eine starke Energie ausstrahlen, zu »taufen«. Indem Sie ihnen einen Namen geben, können Sie eine persönliche Verbindung zu den Naturwesen aufnehmen. Wichtig sind bei allem nicht so sehr die richtigen Begriffe, sondern vielmehr die Erfahrungen.

Unter dem dunklen Spiegel der Wasseroberfläche liegen die Paläste der Wassergeister, der Nixen, Wassermänner und Undinen.

Die Erscheinungsformen der Naturwesen sind so mannigfaltig wie die
Natur selbst. Am einfachsten ist es,
sie in traditioneller Weise zu bezeichnen und zwischen Naturgeistern,
Elementargeistern und Feen, bezie-
hungsweise Elfen zu unterscheiden.

> *Wie haben mich lieblich die Elfen
> umflattert!
> Ein luftiges Völkchen! das plaudert
> und schnattert!
> Ein bisschen stechend ist der Blick,
> Verheißend ein süßes,
> doch tödliches Glück.*
> HEINRICH HEINE (1797–1856)
> aus: »Waldeinsamkeit«

Naturgeister

Die Bezeichnung »Naturgeister« ist
als Oberbegriff zu verstehen. Alle
Lichtwesen, ob nun Feen, Elfen, Kobolde, Nymphen oder Devas sind
Naturgeister. In dieser großen Familie gibt es nur eine Ausnahme: die
Engel, denn sie wirken nicht innerhalb der irdischen, sondern im Bereich der himmlischen Sphäre und

gehören daher nicht zu den Naturgeistern. Alle Naturwesen, ob Elementargeister oder Feen arbeiten in
irgendeiner Weise für den Fortbestand der Erde: Sie schützen die natürliche Umwelt und versorgen den
Menschen mit heilenden Energien.

Elementargeister

Die Begriffe »Elementargeister« und
»Naturgeister« werden oftmals gleichgesetzt. Doch genau genommen be-
zieht sich die Bezeichnung »Elementargeister« auf jene Naturwesen, die
ganz konkret in den vier Elementen
der Natur wirken, also auf die Erd-,
Wasser-, Luft- und Feuergeister.
Schon Paracelsus (1493–1541), der
große Gelehrte und Arzt des ausge-
henden Mittelalters, unterteilte die
Geister der Natur entsprechend den
vier Elementen: Die Geister der Erde
nannte er Gnome, die Geister des
Wassers Nymphen und Undinen, die
Luftgeister Sylphen und die Feuergeister Salamander und Vulkane.
Auch Goethe beschreibt diese mächtigen Geister der Natur im Zusammenhang mit den vier Elementen
Erde, Wasser, Luft und Feuer im
»Faust« (siehe Seite 25).

Elfen und Feen

Elfen und Feen gehören zu den Naturgeistern. Sie bewohnen die gesamte belebte Natur und auch die
vier Elemente und treten als Fluss-,
Wiesen- oder Waldfeen ebenso auf
wie als Luft-, Feuer-, Baum- oder
Blumenelfen. Der Grund dafür, dass
in vielen Fällen jedoch von Elfen und
Feen statt von Naturgeistern gesprochen wird, liegt darin, dass die Begriffe »Elfe« und »Fee« auf eine starke Personifizierung hinweisen. Elfen
und Feen sind keine anonymen Gestalten. Sie besitzen ihre eigene Indi-
vidualität. Im Gegensatz zu den eher
neutralen, schwer fassbaren Elementargeistern sind Elfen und Feen dem
Menschen sehr nah. Sie haben ein
Gesicht, eine Stimme und ein Aussehen, das der menschlichen Gestalt
teilweise recht ähnlich sein kann.
Elfen und Feen repräsentieren also
den persönlichen Aspekt der Natur-

*Im Riesengebirge haust der Erdgeist Rübezahl,
der den Armen hilft und die Bösen straft (Gemälde von Moritz von Schwind, 1846/51).*

geister, weshalb man zu ihnen auch relativ leicht Verbindung aufnehmen und einen persönlichen Kontakt aufbauen kann.

Liebliche Geister

Schauen wir uns die Begriffe »Elfen« und »Feen« in Märchen, Sagen, Mythen und im Volksglauben an, so sehen wir, dass sie zu unterschiedlichen Zeiten unterschiedlich gedeutet wurden. Heute bringen wir Elfen und Feen am ehesten mit weiblichen, schönen Naturgeistern in Verbindung. Interessanterweise werden sie überall auf der Welt sehr ähnlich beschrieben. Selbst in der afrikanischen Tradition heißt es, dass sie blond seien.

Elfen und Feen sind Lichtwesen, die positive Kräfte aussenden und meist als zart und zierlich beschrieben werden. Tatsächlich sind die Bezeichnungen »Elfe« und »Fee« austauschbar. Der Unterschied besteht vor allem darin, dass sich »Fee« aus dem Französischen, »Elfe« hingegen aus dem Skandinavischen ableitet. In der Literatur finden wir viele Hinweise darauf, dass »Elfe« und »Fee«

Die Dunkelalfen entziehen sich dem Licht. Ihr Lebensraum ist die Nacht. Sobald die Sonne aufgeht, verschwinden Sie in Höhlen und Felsklüften.

nur zwei unterschiedliche Namen für dieselben Phänomene sind; und so können wir die meisten Wiesen-, Fluss-, Baum- oder Erdgeister sowohl als Elfen als auch als Feen bezeichnen.

Kleine Unterschiede gibt es allerdings: Feen tauchen oft in Märchen auf und werden hier weniger mit Naturgeistern als vielmehr mit guten Zauberkräften in Verbindung gebracht. Außerdem sind Elfen meist winzig kleine Wesen, während Feen oft eine größere, deutlicher wahrnehmbare Gestalt annehmen. Als Kinder der Natur sind Elfen und Feen jedoch äußerst vielfältig. Sie können sich unsichtbar machen oder beliebige Gestalten annehmen. Bedenkt man ferner, dass jeder Mensch entsprechend der Entwicklung seiner Sensitivität unterschiedliche Visionen dieser Wesen hat, wird verständlich, warum es hier so viele, mitunter stark voneinander abweichende Auffassungen gibt.

Das Reich der Elfen

Elfen sind Lichtwesen, die in volkstümlichen Sagen meist als besonders kleine Feen beschrieben werden. Sie

schützen Bäume und andere Pflanzen und versorgen sie mit Lichtenergie. Elfen werden auch als Alben und Alfen (skand. Alfar, dän. Elve, dt. eigentlich Elbe) bezeichnet. Dieselbe Wurzel hat das schwedische Wort »Elf« (= Fluss) und auch »Alpen«. Durch ihre Höhe und ihre schneebedeckten Gipfel weisen die Alpen auf Aspekte wie Licht und Klarheit hin. Ihr Name stammt vom lateinischen »albus«, das »weiß« bedeutet.

Licht- und Dunkelalfen

Die altgermanische Dichtung erwähnt drei Arten von Elfen: die Lichtalfen, die Dunkelalfen und die Schwarzalfen. Die Lichtalfen halten sich in allen lichten Regionen der Natur auf. Die Dunkelalfen leben in Höhlen und Bergklüften, die Schwarzalfen in der Unterwelt. Spätestens seit dem Ende des 12. Jahrhunderts wird nur noch zwischen Licht- und Dunkelalfen unterschieden, wobei letztere weitgehend den Zwergen und Kobolden entsprechen.

Vom englischen »elf« entlehnt, wurde der Name »Elfe« bei uns erst in der Dichtung des 18. Jahrhunderts in einer Übersetzung von Johann Jakob Bodmer (1698–1783) eingeführt und

durch dessen Freund Christoph Martin Wieland (1733–1813) verbreitet. Die aus der romantischen Dichtung stammende Vorstellung der Wald- und Wiesenfeen ist bis heute bei uns lebendig.

Zwischen Himmel und Erde

Für die europäische Landbevölkerung spielte das Elfenvolk einstmals eine große Rolle. Elfen erteilten Ratschläge, warnten vor Gefahren und halfen im täglichen Leben. Sie liebten Menschen, die eng mit der Natur zusammenlebten, wie etwa Bauern, Hirten, Fischer, Förster oder Kräuterweiblein.

Leise wie eine Elfe
Schlüpft sie zu ihm hinein:
»Dass Gott mir helfe –
Ich bin dein!«
FRANK WEDEKIND (1864–1918)
(aus: »Die vier Jahreszeiten«)

Im Volksglauben noch hoch verehrt, wurden die Elfen von der Kirche schon früh dämonisiert, also im wahrsten Sinne des Wortes »verteufelt« – d. h. mit dem Teufel in Verbindung gebracht. In diesem Zusammenhang ist auch das althochdeutsche Wort »alb« zu sehen, das die Wurzel für das »Albdrücken« oder den »Albtraum« bildet.
Elfen tauchen oft in schottischen und irischen Märchen wie auch in der germanischen und keltischen Sagenüberlieferung auf. Meist ist von weiblichen, feenartigen Naturgeistern die Rede, die Blumen und andere Pflanzen schützen. Immer sind die Elfen mit übernatürlichen Fähigkeiten ausgestattet. Sie werden als zarte, schimmernde Wesen beschrieben, die silbrig oder golden glänzen. Die meisten Elfen ziehen es vor, unsichtbar zu bleiben – in Märchen lesen wir, dass sie Tarnkappen tragen.

Helle und dunkle Elfen

Das Wesen der Elfen ist heiter, fröhlich und ausgelassen, und sie sind den Menschen wohlgesonnen. Nur wenn man sie reizt, können sie unangenehm werden und ihre Elfenpfeile abschießen, wobei sie dem Menschen nie großen Schaden zufügen. Vielmehr ärgern sie sie durch kleine Scherze und Neckereien. Das englische Wort »elfish« verweist darauf, denn es bedeutet »neckisch«. Im Gegensatz zu den Lichtelfen verlassen die lichtscheuen Dunkelelfen ihre Wohnungen nur nachts. Sie hausen in der Erde und lieben dunkle Aufenthaltsorte wie Keller, Dachböden und Schuppen, weshalb ihre Anwesenheit die Hausbewohner nicht selten erschreckt.
Lichtelfen baden gern im Sonnenschein, sie lieben Musik und tanzen für ihr Leben gern. Da sie unablässig tätig sind, um die Natur zu schützen, müssen sie sich gelegentlich mit neuer Kraft aufladen. Dies tun sie, indem sie sich nachts im Vollmond oder bei Sonnenuntergang in großen Gruppen zu Elfenfesten treffen und ihre Reigen auf Wiesen und Lichtungen tanzen. Unendlich viele Elfen halten sich überall in der Natur auf.

Die zarten Elfen sind so winzig, dass sie in Blumen wohnen können. Nur besonders glückliche Menschen bekommen sie zu Gesicht.

Elfen lieben es, Feste zu feiern. Wo sie tanzen wächst das Gras grüner und üppiger, weiß die Sage (Gemälde von William Blake, um 1785).

Obwohl sie nicht unsterblich sind, leben sie doch sehr lange, denn Elfen und Feen leben im »Land der Ewigen Jugend«.
Weibliche Elfen sind überirdisch schöne Wesen, die einen lieblichen Duft aussenden und recht verführerisch auf Männer wirken können. Einige Geschichten erzählen, wie Elfen sich mit Jünglingen vermählen und mit ihnen Elfenkinder bekommen.

Aus dem Himmel gefallen?

Zur Herkunft der Elfen gibt es verschiedene Theorien. Ursprünglich glaubte man, dass die Seelen der

Meist bleiben Elfen unsichtbar. Wenn sie sich materialisieren, geht ein silbriger Schimmer von ihnen aus (Richard Doyle, 19. Jahrhundert).

Verstorbenen im Luftreich weiterlebten und sich nach einer längeren Zwischenzeit irgendwann in den Naturkräften offenbarten. Das bedeutet also, dass Menschen nach ihrem Tod in Elfen und Feen verwandelt werden, was zusätzlich ein guter Grund dafür ist, die Naturgeister zu respektieren und ihnen besonders liebevoll entgegenzutreten.

> *Freundlos war der große Weltenmeister,*
> *fühlte Mangel – darum schuf er Geister,*
> *sel'ge Spiegel seiner Seligkeit!*
> **FRIEDRICH VON SCHILLER**
> **(1759–1805)**

Im Mittelalter vermutete man, dass Elfen und Feen Engel seien, die aus dem Himmelreich verstoßen wurden, jedoch nicht bis in die Hölle, sondern »nur« bis ins irdische Naturreich. Dieser Glaube beinhaltet bereits eine gewisse Abwertung der Erde und ihrer Naturgeister, die vor der Verbreitung des Christentums noch als heilig verehrt wurden. Nach der mittelalterlichen Vorstellung drückt der Gesang der Elfen die Sehnsucht nach Erlösung aus. Interessant ist, dass es bei den Persern eine ähnliche Anschauung gab: Demnach waren die Peris – schöne, anmutige Geistwesen, die unseren

Elfen und Feen weitgehend entsprechen – überirdische Wesen, die »aus dem Himmel gefallen« sind, ohne dabei jedoch der Hölle zu verfallen.

Seit Anbeginn der Welt

Andere Theorien besagen, dass die Naturgeister gemeinsam mit der Erde geschaffen wurden und sehr viel älter sind als die Menschheit. Dennoch sind die Elfen an den Menschen sehr interessiert. Nur im Kontakt zur menschlichen Seele können sie wachsen und reifen. Wer sich für die unsichtbaren Welten öffnet, dient somit nicht nur seiner eigenen, sondern auch der Entwicklung der geistigen Wesen. Es gibt noch andere Auffassungen von der Entstehung der Elfen und Feen. Wir wollen hier mit der von Schiller enden: Er führt die Schöpfung der Geister darauf zurück, dass Gott sich einsam fühlte.

Elfenbräuche

Alte Bräuche zeigen, mit wie viel Respekt die Menschen den Naturgeistern früher begegneten. Damals wusste man, dass Elfen recht unangenehm werden und als wahre Plagegeister auftreten konnten, wenn sie vernachlässigt wurden. Das Vieh erkrankte manchmal wegen ihnen. Aus diesem Grund war es üblich, den Feld- und Kornelfen Früchte, die nicht abgeerntet wurden, zu schen-

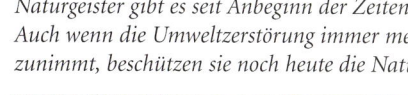

Naturgeister gibt es seit Anbeginn der Zeiten. Auch wenn die Umweltzerstörung immer mehr zunimmt, beschützen sie noch heute die Natur.

ken. Den Elfen wurde Salz und Mehl gestreut oder Milch hingestellt, um sie freundlich zu stimmen.

Im Mittelalter glaubte man, dass Hauselfen sich gern in der Nähe des Ofens aufhalten. Wenn der Magd oder der Bäuerin etwas auf dem Herzen lag, das sie niemandem anvertrauen konnte, ging sie zum Ofen und erzählte es den Hausgeistern, die auch Heimchen genannt wurden. Daher stammt auch der Ausdruck »Heimchen am Herd«.

Einige Bräuche sind noch heute lebendig. So verneigen sich in Schottland immer noch einige Menschen vor einem Staubwirbel, da sich in der aufgewirbelten Luft Elfen fortbewegen. Übrigens kennt man auch in Afrika und weiten Teilen Asiens Bräuche, um Frieden und Harmonie mit seinen Hausgeistern herzustellen. So gehört ein kleines Geisterhäuschen (Saan phra phuum) bei der thailändischen Landbevölkerung zu jeder noch so ärmlichen Hütte. Wird ein Stück Grund bebaut, so stellt

…Oberon ist längst die Sagenzeit hinabgeglitten, /nur ein Klirren/wie von goldenen Reitgeschirren/bleibt,/wenn der Wind die Haferkörner reibt (Wilhelm Lehmann).

man das Geisterhäuschen auf, um die anwesenden Naturgeister zu versöhnen. Darüber hinaus werden den Geistern regelmäßig Opfergaben wie Blumen, Obst und Reis dargebracht.

Die Feen

Der Name »Fee« ist dem französischen »fée« (= Fee, Zauberin) entlehnt. Die Bezeichnung taucht bei uns erst ab dem 18. Jahrhundert auf. Die Quelle des französischen Wortes finden wir im lateinischen »fatum« (= Schicksal) und im lateinischen »Fata« (= Schicksalsgöttin). Feen besitzen die Fähigkeit, das menschliche Schicksal vorherzusehen und es dem Betroffenen auch mitzuteilen.

Ebenso wie die Bezeichnung »Elfe«, wird auch der Name Fee meist als Überbegriff für unterschiedliche, meist jedoch weibliche, junge, übermenschliche Naturgeister verwendet. Was wissen wir sonst noch über die Feen? Vor allem, dass diese Lichtwesen außerordentlich anmutig und voller Liebreiz sind. Auch können wir davon ausgehen, dass Feen gut sind. »Gut« und »schön« sind tatsächlich die häufigsten Eigenschaften, die Feen zugeordnet werden – auch von

*Du holde Fee, mir treu geblieben
Aus Tagen meiner Kinderzeit,
Was hat dich nun verscheucht,
vertrieben,
Du stille Herzensheiterkeit?
Leicht trugst du, wie mit
Wunderhänden,
Mich über Gram und Sorge fort,
Und selbst aus nackten Felsenwänden
Rief Quellen mir dein Zauberwort.
Du, Trostesreichste mir vor allen,
Kehr neu beflügelt bei mir ein
Und lass dein Lächeln wieder fallen
Auf meinen Pfad wie
Vollmondschein...*
THEODOR FONTANE (1819–1898)
aus: »In Hangen und Bangen«

Feen zeigen sich in vielerlei Gestalt: als Blumen und Wolken, Mücken, Schmetterlinge, Vögel oder wunderschöne menschliche Wesen.

den Dichtern. »Geister sind schön geprägt zu schönem Zweck«, sagt William Shakespeare.

In anmutiger Gestalt

Feen können viele unterschiedliche Erscheinungen annehmen. Gern zeigen sie sich in Form von Blüten, Wellen, Seerosen und Wolken, sie können aber auch als Schmetterlinge, Vögel und in menschlicher Gestalt auftreten. Meist passen sie sich chamäleonartig ihrer Umgebung an. Es gibt Darstellungen, bei denen sie als Erdgeister mit Pilzhüten, als Nixen mit Fischschwänzen und als Blumenfeen mit Blütenkelchen auf dem Kopf abgebildet sind. Alle diese Erscheinungsformen zeugen von der Anpassungsfähigkeit dieser Naturgeister an ihre natürliche Umgebung. Feen können tranceartige Bewusstseinszustände hervorrufen – die Betroffenen haben das Gefühl, dass die Zeit bei ihrem Aufenthalt in der Natur stehen geblieben ist. Ebenso wie Elfen sind Feen sehr dankbar, wenn man respektvoll und achtsam mit der Natur umgeht, und sie vergelten es einem mitunter mit einer Reihe

glücklicher Zufälle. Auch Feen leben sehr lange, sind aber nicht unsterblich – wie gesagt: die Begriffe »Feen« und »Elfen« sind im Großen und Ganzen austauschbar.

Feen gelten als spirituelle Meisterinnen, die Irregeleiteten auf den richtigen Weg helfen. Nicht selten werden sie mit Zauberstab dargestellt. Günstlinge der Feen werden mit Zauberkräften oder auch mit positiven Eigenschaften wie Mut, Vertrauen, Klarheit oder Schönheit gesegnet. Im Mittelalter wurden Feen in vielen deutschen, französischen, englischen und italienischen Sagen und Zaubergeschichten beschrieben. Sie tauchen auch in der Artussage, im Amadisroman und in zahlreichen Märchen auf. Feen inspirierten nicht zuletzt Schriftsteller und Dichter.

Helfen und Heilen

Manchmal wird auch vor Feen gewarnt. In britischen Märchen heißt es, dass es lebensgefährlich sein kann, den Namen einer Fee in ihrer Gegenwart auszusprechen. Allerdings gibt es keinerlei Erfahrungsberichte, die darauf hindeuten, dass das Aussprechen von Feennamen tatsächlich gefährlich wäre. Das Gegenteil ist der Fall: Hellsichtige Menschen erfahren häufig den Namen ihrer persönlichen Schutzfee;

Lichtwesen wie Feen und Elfen glänzen silbrig oder golden, meist geht ein zarter Schimmer von ihnen aus.

In ungewöhnlichen Himmelserscheinungen wie dem Nordlicht liegt eine Ahnung von der Gegenwart der Lichtwesen.

durch das mehrmalige, leise Aussprechen des Feennamens ist es möglich, positive Kräfte herbeizurufen. Feen helfen den Menschen auch in schwierigen Lebenssituationen, indem sie heilende Energien auf sie übertragen.

Während der Zeit der Schwangerschaft und Geburt haben sie ein wachsames Auge auf die Kinder und Mütter.

An regentrüben Sommertagen,
Wenn Luft und Flut zusammenragen
Und ohne Regung schläft die See,
Dann steht an unserm grauen Strande
Das Wunder aus dem Morgenlande,
Morgane, die berufne Fee ...
THEODOR STORM (1817–1888)
aus: »Morgane«

Bei Abwesenheit der Mutter schicken sie den Kindern ihren schützenden Feenzauber und erscheinen ihnen manchmal auch in ihren Träumen. Jede Region hat eigene Ausprägungen des Feenglaubens. Nach einem alten französischen Brauch wird im Jura heute noch Arie verehrt. Diese Fee segnet die Ernte und bewahrt das Getreide vor Frost und Stürmen. Anderen französischen Sagen zufolge erscheint sie bei ländlichen Festen, belohnt die Schnitterinnen und beschenkt die Kinder mit Obst. Zu Weihnachten verteilt sie Kuchen und Nüsse.

Im französischen Volksglauben finden wir außerdem die Vorstellung, dass die Feen an Samstagen ihrer Macht beraubt werden. An diesem Tag verbergen sie sich, indem sie unterschiedliche Gestalten annehmen. Beispielsweise verstecken sie sich in Bäumen, Pferden, Kühen und sogar in Möbeln oder Kleidungsstücken, die dann gefeit (»ge-feet«, von einer Fee besessen) sind.

Die Todesfee

Die Todesfee (engl. banshee) nimmt in der irisch-keltischen Mythologie eine besondere Stellung ein: Sie steht in engem Kontakt zur Unterwelt. Durch ihr Wehklagen kündigen die Todesfeen den bevorstehenden Tod eines Menschen an.

Die Königin der Todesfeen heißt Áine. Sie begleitet den Verstorbenen auf seinem Weg in die Unterwelt. In dieser Vorstellung finden wir eine Entsprechung zum Todesengel, der die menschliche Seele ebenfalls ins

In Indien werden die Devas verehrt, geflügelte Wesen, die Mensch und Natur vor Dämonen schützen (indisches Tempelgemälde).

Jenseits geleitet. Interessanterweise haben die Todesfeen noch eine andere Aufgabe. Sie beschützen das ungeborene Leben. Das heißt, dass die Todesfeen den Menschen sowohl beim Hinein- als auch beim Hinausgehen aus dieser Welt begleiten und schützen. Noch vor 100 Jahren glaubte man, dass sich Todesfeen unter Häusern aufhalten, in denen jemand im Sterben liegt. Sie warten dort auf günstige Momente, um mit den Sterbenden zu sprechen und diese sanft auf ihren Tod vorzubereiten. Nur die unheilbar Kranken hatten die Fähigkeit, den Gesang der Todesfeen zu hören, und deuteten ihn als Zeichen der Erlösung.

Devas und Asuras

In einigen esoterischen Kreisen spricht man eher von Devas als von Feen oder Elfen. Die Bezeichnung stammt aus dem Sanskrit. Übersetzt bedeutet »Deva« so viel wie »himmlisches Wesen«, »Himmelsgeist« oder auch einfach nur »Geist«.

Devas werden oft als geflügelte Wesen beschrieben und zuweilen mit Engeln gleichgesetzt. Trotzdem dürften ursprünglich eher Naturgeister als Engel gemeint gewesen sein. Dies ergibt sich aus den Quellen, in denen die Devas erstmals auftauchen, den indischen Veden.

In den Veden – den ältesten religiösen Schriften Indiens – werden verschiedene Gottheiten, Naturgeister und Dämonen beschrieben.

Die Devas – es soll 33 von ihnen geben – sind den Menschen gut gesonnen. Sie herrschen über die Welten des Himmels, der Luft und der Erde. Ihre aufbauenden, schöpferischen Energien schützen die Natur und stehen den zerstörerischen, Chaos stiftenden Kräften der Asuras, der bösen Dämonen, gegenüber. In der Theosophie bilden die Devas eine Hierarchie von Geistern, die teils der Astralwelt, teils höheren geistigen Welten angehören.

Findhorn – ein Wundergarten

Bekannt geworden ist der Begriff »Deva« jedoch durch die in den 60er-Jahren des letzten Jahrhunderts gegründete Findhorn-Gemeinschaft. Findhorn ist eine spirituelle Gruppe im Nordosten Schottlands, die auf einem verlassenen Campingplatz ins Leben gerufen wurde. Die Gründer Peter und Eileen Caddy bauten auf kargem Land Gemüse und andere Pflanzen an. Inzwischen ist ein riesengroßer Garten entstanden, der über 200 Menschen mit Nahrung

versorgt und immer wieder Staunen hervorruft: Schließlich wachsen in Findhorn Pflanzen, die dort aufgrund des Klimas und der äußerst ungünstigen Bodenverhältnisse laut Experten gar nicht wachsen können! Die Mitglieder der Findhorn Foundation wissen, dass die Energien der Devas für das beeindruckende Wachstum der Pflanzen verantwortlich sind. In Kreistänzen und Ritualen frischen sie den Kontakt zu den Naturgeistern immer wieder auf. Einige Findhorn-Bewohner empfangen Hinweise aus dem Reich der Devas und gestalten den Garten danach.

Die Geister Tibets

In Tibet stimmen Schamanen Gesänge an, um die Devas zu besänftigen. Nach tibetischer Auffassung sind Devas weibliche Naturgeister, die die Erde schützen. Diese Vorstellung entspricht weitgehend unserem Bild von Feen und Elfen.

Naturgeister der griechischen Mythologie

Die Götterbilder der griechischen Mythologie haben den europäischen Volksglauben wesentlich beeinflusst. Die griechische Mythologie erklärt Zusammenhänge, die uns das Verständnis der Feen- und Elfenreiche

Leise flötet er/Das klingt, wie wenn zwischen frischem Moose/Über Kiesel glatte große,/Eine helle Quelle springt (aus: Pans Flucht, O. J. Bierbaum; Gemälde »Pan im Schilf« von Arnold Böcklin).

erleichtern. Schon die altgriechische Vorstellung von den Anfängen der Welt ist sehr interessant. Im »Prometheus« beschreibt der Dichter Hesiod (um 700 v. Chr.) den ursprünglichen Zustand der Erde. Hesiod, dessen

In der uralten Zeit, als Kronos noch die Welt regierte, lebten Götter und Menschen, die von der allerzeugenden Mutter Erde stammten, in vertraulichem Umgang miteinander auf Erden und waren sich ihres Unterschiedes kaum bewusst.
HESIOD
(8. Jahrhundert v. Chr.)
aus: Prometheus

Epen als wichtige Quelle der griechischen Mythologie gelten, beschreibt die Götter als gewaltige, erhabene Naturmächte. Die Menschen der alten Zeit waren den Göttern sehr nahe: Sie fühlten sich von den Geistwesen der Natur kaum getrennt. Werfen wir zusätzlich noch einen Blick auf den Abschnitt »Die Menschenalter« (siehe Seite 23). Auch diese Sichtweise enthält eine Art

Sagen berichten, dass Elfen so zart sind, dass ein Tautropfen durch ihren leichten Schritt erzittert, aber nicht auseinanderläuft.

Entstehungsgeschichte der Naturgeister. Demnach entstammen diese dem goldenen Zeitalter der Welt. Als überirdische Schutzgötter wirken sie zum Wohle der Menschheit. Dabei »wandeln sie in Nebel gehüllt« über die Erde, sind also immer noch mit der Erde verbunden und nicht mit den Engeln zu verwechseln.

Zu der Zeit, da Kronos über die Welt herrschte, lebte das goldene Geschlecht der Menschen. Ebenso wie die Götter lebten sie selig und waren frei von Sorgen und Mühen. Sie kannten nicht die Schwäche des Alters, voll rüstiger Kraft, frei von Übeln genossen sie frohe Feste; erst in hohem Alter starben sie, wurden im Schlaf dahingenommen. Während sie aber lebten, mangelte es ihnen an nichts; freiwillig schenkte die nährende Erde ihnen die Fülle ihrer Gaben und viele Herden weideten auf ihrem Boden; ruhig, friedvoll und glücklich vollbrachten sie ihr Tagwerk. Die seligen Götter waren ihnen zugetan und gingen vertraulich mit ihnen um. Als dieses Geschlecht die Erde verließ, wurden sie gute, überirdische Geister, Schutzgötter für die sterblichen Menschen. Wie in Nebel gehüllt wandeln sie über die Erde ... und bringen den Menschen Reichtum und Segen ...
HESIOD
(8. Jahrhundert v. Chr.)
aus: »Die Menschenalter«

Die griechische Mythologie kennt alles in allem zu viele Gottheiten und Geister der Natur, als dass wir hier näher auf sie eingehen könnten. Der folgende kurze Überblick soll lediglich zusammenfassen, was im Zusammenhang mit den Feen, den Elfen und den Elementen der Natur besonders wichtig ist.

Die Nereiden bewohnen einen prächtigen Palast auf dem Meeresgrund und tauchen ab und zu aus den Wogen auf.

Nymphen und Satyrn

Die Nymphen (griech. nymphe = Braut, junge Frau) der griechischen Mythologie entsprechen im Wesentlichen unseren Elfen. Sie treten in bunter Vielfalt als Baum-, Meeres-, Berg-, Fluss- oder Bachnymphen auf. Oft werden die Nymphen der griechischen und römischen Mythologie als Naturgeister oder niedere Naturgottheiten beschrieben, die vor allem im Wasser, vornehmlich in Flüssen, Meeren, Bächen und Quellen leben. Doch Nymphen bewohnen die gesamte Natur, also auch Wälder, Wiesen und Berge.

Die »griechischen Feen« werden meist als schöne, anmutige Mädchen dargestellt, die fast ausschließlich in Gruppen auftreten. Nymphen lieben den Tanz, die Musik, die Sinnlichkeit und die Liebe. Nicht selten lassen sie sich auf Liebesabenteuer mit Göttern oder auch mit Menschen ein, aus denen zahlreiche Kinder hervorgehen – eine ähnliche Vorstellung finden wir im nordeuropäischen Volksglauben, wonach Elfen sich zuweilen mit jungen Männern vermählen und Elfenkinder zeugen (Seite 18). Ebenso wie die Feen und Elfen repräsentieren die

Gott Pan machte sich seine Flöte aus dem Schilfrohr, in das die Nymphe Syrinx verwandelt wurde (Gemälde von Franz von Stuck, 1914).

Nymphen die verschiedenen Elemente und Ausdrucksformen der Natur, sie schützen und heilen sie.

Die Nereiden

Die fünfzig schönen Töchter des Nereus und der Doris sind Wassernymphen, die auf dem Grund des (Mittel-)Meeres in einem prächtigen Palast leben. Auf Delphinen und anderen Meerestieren reitend kommen sie immer wieder an die Oberfläche, um Seeleuten zu helfen. Zu den berühmtesten Nereiden gehören Amphitrite, die Gemahlin des Meeresgottes Poseidon, und Thetis, die Mutter des griechischen Helden Achilleus. Die Nereiden kümmern sich um die Meere und ihre Bewohner.

weshalb sie auch als Begleiter des Weingottes Dionysos auftreten. Satyrn spielen auf der Flöte (der Syrinx) oder auf dem Dudelsack, tanzen und feiern.

Die zur einen Hälfte menschlich, zur anderen tierisch dargestellten Naturgeister symbolisieren den triebhaften, unkontrollierbaren Aspekt der Natur. Wer sich den gewaltigen Energien der Naturgeister öffnet, sollte darauf achten, sein Gleichgewicht nicht zu verlieren: Die Mächte der Natur tragen beide Möglichkeiten in sich – die lebensbejahende, sinnliche und freudige Einstellung zum Dasein, aber auch die triebgebundenen, lüsternen und exzessiven Aspekte des Lebens.

Bei der praktischen Arbeit mit Naturgeistern sollten Denken und Fühlen stets auf die lichten und heilenden Kräfte gerichtet werden. Die Naturgötter der griechischen Mythologie eignen sich nicht gut als Meditationsobjekte. Um Kontakt mit Naturgeistern aufzunehmen, bietet es sich daher eher an, die Konzentration auf die Elementargeister zu richten.

Najaden

Die wunderschönen Fluss-, Bach- und Quellnymphen schützen die Quellen und die Frischwasserströme und lenken die Wasserströmung. Die Najaden verhalten sich den Menschen gegenüber freundlich und zuvorkommend. Sie haben Heilkräfte, gewähren Fruchtbarkeit und besitzen die Gabe der Weissagung.

»... Dasjenige, was uns in der Außenwelt als Festes, Irdisches entgegentritt, ist durchaus so geartet, dass Geist damit verbunden ist, und zwar ein Geist, welcher eine besondere Neigung zur Vielheit hat, so zur Vielheit sie hat, dass wir diese Vielheit gar nicht ermessen können. Überall, wo wir hinschauen auf das Feste, da finden wir auch, wenn wir es in der richtigen Weise anschauen, Geistiges, und zwar viele und mannigfaltige Wesenheiten. Eine alte instinktive Weisheit hat hier von Gnomen und dergleichen gesprochen...«

RUDOLF STEINER (1861–1925)
aus: »Das Samenmysterium
und das Mysterium von Tod und
Auferstehung«

Dryaden

Diese Waldnymphen werden als junge, schöne Mädchen beschrieben. Sie tragen weiße oder grüne Kleider. Dryaden schützen die Bäume und sterben mit ihnen; sie lieben den Wald, den Tanz und den Gesang.

Oreaden

Sie sind die Nymphen der Grotten und Berge (griech. oros = Berg, Gebirge). Die wohl berühmteste Oreade war Echo, die Nymphe des Berges Helikon. Die Göttin Hera ärgerte sich über ihre Geschwätzigkeit und raubte ihr die Sprache, bis auf die letzten an sie gerichteten Worte, die sie wiederholte. Aus Scham über ihre Sprachlosigkeit verbarg sie sich in den Wäldern. Oreaden verstecken sich in den Berghöhlen und repräsentieren das Erd- und Luftelement.

Satyrn – sinnenfrohe Gesellen

Neben den weiblichen gibt es in der griechischen Mythologie natürlich auch männliche Naturgeister. Die wichtigsten sind die Satyrn, lebenslustige Wald- und Berggeister. Die Satyrn werden mit Hörnern, Schwänzen und oft auch mit Ziegenbeinen dargestellt. Sie lieben den Wein,

Der bocksfüßige Pan und die Satyrn der antiken Mythologie stehen für die Kräfte der Natur (»Satyr und Nymphe« von Arnold Böcklin).

Die Elementargeister

Als Elementargeister bezeichnen wir jene Naturgeister, die auf der Ebene der vier Elemente – also Erde, Wasser, Feuer und Luft – wirken. Die vier Grundelemente des Lebens wurden in alten Kulturen als magisch und heilig empfunden und dementsprechend verehrt. Schon die Sumerer, die über die erste Schrift verfügten, kannten Schriftzeichen für die vier Elemente. In der christlichen Tradition ist die Lehre von den vier Elementen in den vier Engeln der Apokalypse versinnbildlicht.

Die Elementargeister treten in der Volksdichtung als personifizierte Energien in Erscheinung. Auf geheimnisvolle Weise nähren sie Erde, Wasser, Feuer und Luft. Sie treten in vielerlei Gestalten auf.

Wer sich mit Elementargeistern beschäftigt, ist den tiefsten Geheimnissen des Lebens auf der Spur. Feuer, Luft, Wasser und Erde sind belebt und durchgeistet. Erfassen kann das allerdings nur, wer die Dinge »in der richtigen Weise anschaut«. Ein meditatives Bewusstsein ist die beste Vor-aussetzung, um Kontakt zu den Elementargeistern aufzunehmen. Durch spirituelle Übungen können Sie sich mit den Energien der Elementargeister verbinden.

Paracelsus (1493–1541) – der heute noch als »Vater der Medizin« gilt – erforschte die Heilkräfte der Natur Zeit seines Lebens. Er unterteilte die Naturgeister entsprechend den vier Elementen: Die Erdgeister nannte er Gnome, die Wassergeister Nymphen oder Undinen, die Luftgeister Sylphen und die Feuergeister Salamander oder Vulkane. Auch Goethe erwähnt die Geister der vier Elemente.

Faust: Erst zu begegnen dem Tiere,
Brauch' ich den Spruch der viere:
Salamander soll glühen,
Undine sich winden,
Sylphe verschwinden,
Kobold sich mühen.
Wer sie nicht kennte,
Die Elemente,
Ihre Kraft
Und Eigenschaft,
Wäre kein Meister
Über die Geister.
JOHANN WOLFGANG VON GOETHE (1749–1832)
aus: »Faust I«

Die Geister der Erde

Damit Sie die Geister der Elemente, ihre Kraft und Eigenschaft etwas besser kennen lernen, möchte ich Sie im Folgenden kurz mit den geistigen Bewohnern von Erde, Wasser, Luft und Feuer bekannt machen. Die Geister der Erde werden Zwerge, Kobolde, Gnome, Erdleute, Erdvölkchen, Wichte, Erdmännchen, Hügelfeen, Höhlenelfen, Leprechaunes, Trolle, Nissen oder Dunkelelfen genannt.

Götter des Erdelements

Die griechischen Götter und mythologischen Gestalten Gaia, Demeter, Pan, die Grazien, die Musen, Diony-sus sowie Bacchus, Ceres und Hades aus der römischen Mythologie repräsentieren die Erde genauso wie Mawu, ein afrikanischer Erdgeist.

Die Geister, die dem Element Erde zugeordnet werden, leben in Höhlen und Felsspalten, aber auch in den Kellern der Häuser.

Wo leben die Erdgeister?

Die Elementargeister der Erde halten sich immer in unmittelbarer Erdennähe auf, denn sie sind innig mit ihr verbunden. Sie wohnen im Erdreich, in Erdspalten und Höhlen und hüten Gold und andere Schätze der Berge. Erdgeister beleben das Reich der Erde, der Steine, Edelsteine und Mineralien. Zuweilen halten sie sich auch in der Nähe des Menschen auf, bewohnen dunkle Plätze in Hof und Haus, vor allem aber Kellerräume und dunkle Dachböden.

Wie sehen Erdgeister aus?

In Märchen und Sagen werden Erdgeister als kleine Wesen beschrieben. Mitunter werden sie mit Kindern, meist aber mit kleinen Männlein verglichen. Oft tragen die Zwerge einen weißen Bart, haben lange Haare oder sind kahlköpfig. Sie haben auffallend große Augen, sehen meist uralt aus und tragen lange Mäntel und Kutten. Erdgeister passen sich ihrer Umgebung an und werden daher vorwiegend als erdfarbene Wesen beschrieben, die jedoch immer auch einen besonderen Glanz ausstrahlen. Hin und wieder treten die Geister der Erde auch in Tiergestalten auf. Relativ selten ist von weiblichen Erdgeistern, wie beispielsweise Hügelfeen oder Erdelfen, die Rede. Im Gegensatz zu den Gnomen und Kobolden sind die weiblichen Erdgeister durchaus ansehnlich – sie werden als Feen beschrieben, die Kränze im Haar tragen.

Eigenschaften der Erdgeister

Erdgeister gelten als gutmütig und menschenscheu. Sie werden als überaus fleißig beschrieben und kennen sich gut mit Heilpflanzen aus. Zwerge und Gnome helfen den Menschen oft bei ihrer Arbeit: Vor allem dort, wo handwerkliche Tätigkeiten ausgeübt werden, sorgen ihre Energien dafür, dass die Arbeit leicht von der Hand geht.

Kobolde, Zwerge und Gnome gehören einer sehr alten Rasse an. Es heißt, dass sie so alt sind wie die Erde selbst. Normalerweise fügen die Erdgeister den Orten, an denen sie weilen, keinen Schaden zu. Nur wenn sie schlecht behandelt werden, können sie in Einzelfällen Häuser beschädigen und Tieren oder auch Menschen etwas Unangenehmes antun.

Erdgeister arbeiten mit der Struktur der Erde. Die Heilkraft der Edelsteine lässt sich auf ihr Wirken zurückführen. Die Naturgeister der Erde

Zwerge und andere Erdgeister haben oft eine bizarre, unproportionierte Gestalt und verfügen über gewaltige Körperkräfte.

haben entscheidende Macht über die Gestalt der Erde und ihrer Bewohner, sie beeinflussen jegliche materielle Substanz.

Anmutig und schalkhaft sind Nixen und Elfen;
Nicht so die Erdgeister, sie dienen und helfen
Treuherzig den Menschen. Ich liebte zumeist
Die, welche man Wichtelmännchen heißt.
Sie tragen Rotmäntelchen, lang und bauschig,
Die Miene ist ehrlich, doch bang und lauschig.
HEINRICH HEINE (1797–1856)
aus: »Waldeinsamkeit«

Das Geheimnis der Erdgeister

Erdgeister verbinden uns mit der Kraft der Erde. Die Erde repräsentiert Qualitäten wie Weiblichkeit, Festigkeit, Geborgenheit, Stabilität, Vertrauen und Körperlichkeit. Überall auf der Welt wurde und wird die Erde mit der Kraft des Weiblichen verbunden. Mutter Erde nährt und erhält alles Leben. Aus ihrem Schoß werden die Lebewesen geboren, in ihren Schoß kehren sie zurück, wenn ihre Lebenszeit verstrichen ist.

Die Erde ist die Wurzel des Menschen, der Ausgangspunkt seines leiblichen Daseins auf seinem Heimatplaneten: Das Wort »homo« (lat. Mensch) ist eng mit dem Wort »humus« (lat. Erde) verwandt. Schöpfungsmythen nennen Erde, Ton und Lehm als die Materialien, aus denen der Mensch geschaffen wird. Stirbt der Mensch, so nimmt die Erde ihn wieder auf, was durch das Ritual der »Be-Erdigung« deutlich wird.

Der Kontakt zu Erdgeistern schenkt uns ungeheure Lebensenergien. Lebendigkeit und Fruchtbarkeit sind wichtige Aspekte, die die Erdgeister

vermitteln. Nur was »auf einen fruchtbaren Boden fällt«, kann sich entwickeln. Die Früchte der Erde sind die Nahrung für den Menschen. Das Erntedankfest zeugt noch heute von der magisch-persönlichen Beziehung des Erdenbewohners zu seiner »Mutter Erde« und von dem Wissen, dass die Gaben der Erde uns am Leben erhalten.

Die Beschäftigung mit den Geistwesen der irdischen Ebene vermittelt aber noch weitere Qualitäten, wie beispielsweise Stabilität und

ZWERGE UND GNOME

Die Geister der Erde werden in den meisten Erzählungen als Zwerge und Gnome beschrieben.

❋ Das berühmteste Zwergenmärchen ist wohl »Schneewittchen und die sieben Zwerge« von den Brüdern Grimm. Schon früh tauchen die kleinen Erdgeister in Sagen auf, in denen es um verborgene Schätze geht.

❋ Die Zwerge entsprechen den Dunkelalfen der keltischen Mythologie; sie bauen in ihren Höhlen zuweilen prächtige Paläste aus Edelsteinen und verlassen ihre Behausungen nur nachts.

❋ Die Zwergenvorstellung wurzelt im heidnischen Totenglauben. Die Plätze, an denen sich Zwergensagen abspielen, sind daher oft Begräbnisstätten. In der germanischen Heldendichtung, im Nibelungenlied, im Orendel und in der Dietrichsage werden Zwerge oft mit anderen mythologischen Figuren wie Kobolden oder Dämonen vermischt.

❋ »Kobold« ist ursprünglich die Bezeichnung für gute Hausgeister. Später wurden Kobolde als neckische Hausgeister beschrieben, die allerlei Unsinn anstellen. In Norddeutschland ist noch heute die Redewendung »einen Kobold schießen« (= einen Purzelbaum schlagen) gebräuchlich, die auf das neckische, quirlige Gebaren der Kobolde hinweist.

Geborgenheit. »Die Erde ist dauerhaft und fest«, sagten die Taoisten Chinas. Zwar kann die Erde in seltenen Fällen auch einmal beben, doch die tragenden Kräfte überwiegen. Auf die Erde kann man bauen. Und wer »mit beiden Füßen auf dem Boden steht«, den wirft so leicht nichts um.

Je enger unser Kontakt zu den in der Erde wirkenden Geistwesen ist, desto leichter wird es uns fallen, Vitalität, Vertrauen und Geborgenheit zu entwickeln. Die Nähe zur Erde verleiht Kraft und Stabilität. Unruhe und Ängste, an denen wir leiden, können dadurch aufgelöst werden. Wer die Erde spürt, spürt seinen Körper. Beide besitzen Form und Festigkeit. Wer seinen Körper spürt, tritt sicher auf. Wer sicher auftritt, dem fällt es leicht, seinen Weg zu gehen und Hindernisse zu überwinden.

Heilende Erdkräfte

Nicht zuletzt hat die Beständigkeit und Festigkeit der Erde auch heilende Wirkungen. Indianische Schamanen wussten um die Heilkraft der Erde. Kranke und Besessene wurden mit dem Bauchnabel auf die Erde gelegt, um die harmonisierenden Erdkräfte aufzunehmen.

Aber auch in vielen Gegenden Europas war es im Mittelalter noch der Brauch, Kranke zu ihrer Heilung direkt auf die Erde zu legen.

Der Glaube an die Heilkraft der Erdgeister war groß. So vergrub man beispielsweise Arzneimittel, bevor man sie den Kranken gab. Es hieß, dass eine Medizin, die für einige Zeit in der Erde gelegen hat, besonders heilkräftig sei.

Ferner war man auch davon überzeugt, dass Menschen, die sich in Höhlen oder Kellern aufhalten, durch die Macht der Erdgeister vor Verhexung geschützt seien.

Bei den Kelten wurden Höhlen als Eingang zum Schoß von Mutter Erde angesehen. Um die Erdgeister zu besänftigen, opferte man ihnen meist Getreide, Brot oder Salz, das man auf die Erde streute.

Die Geister des Wassers

In Erzählungen aus alten Zeiten heißen die Wassergeister Nixen, Wasserfeen, Undinen oder Wasserfrauen. Auch werden sie als Wassermänner, Flusselfen, Seejungfrauen, Wassernymphen, Asrai, Meerjungfrauen, Selkies oder als die »guten Holden« bezeichnet.

Das Element Wasser ist das Reich der anmutigen Nixen und Wasserfeen. Sie schützen und reinigen Bäche, Flüsse, Seen und Ozeane.

Götter des Wasserelements

Die wichtigsten Gottheiten und Nymphen der Griechen, die das Wasser repräsentieren, sind Aphrodite, Poseidon, den die Römer Neptun nannten, Okeanos, die Danaiden, Najaden, Nereiden und Okeaniden. Aus Babylon kommt Ea, Apsara, und Waruna verehrt man in Indien. Auch der nordische Ägir-Hönir ist ein Meeresgott.

Wo leben die Wassergeister?

Die Elementargeister des Wassers leben vor allem in Flüssen, Bächen, Seen, Quellen und Brunnen. Doch auch im Meer, in Sümpfen und überall dort, wo es natürliche Wasserquellen gibt, wirken die Geister des Wassers. Selbst im Regen, in Wasserfällen, auf den Meereswellen, in den Strudeln und Strömungen der Flüsse leben Wassermänner, Wassernymphen und Nixen. Die Elfen der Seen und Teiche halten sich gern in der Nähe von Wasserrosen und anderen Wasserpflanzen auf. Selbst einfache Wasserpfützen werden von kleinen Feen, den Asrai, bewohnt.

Das Meer mit seinen bunten Fischen, Korallen und Algen regt die Phantasie an. Auf seinem Grund liegen die Paläste der Wassergeister.

Wie sehen Wassergeister aus?

Die Wassergeister können in vielen Formen erscheinen. Ihre Gestalt wird oft als halb menschlich, halb tierisch beschrieben.

Wassernymphen tragen Wasserpflanzen in den Haaren, sie haben strahlend blaue Augen und sind immer nass; wenn sie an Land gehen, ist

Saß ich am Bache,
so tauchten und sprangen
Hervor aus der Flut, mit ihrem langen
Silberschleier und flatterndem Haar,
Die Wasserbacchanten,
die Nixenschar.
Sie schlugen die Zither, sie spielten
auf Geigen,
Das war der famose Nixenreigen ...
HEINRICH HEINE (1797–1856)
aus: »Waldeinsamkeit«

der Saum ihres Gewandes feucht, und sie hinterlassen nasse Fußspuren. Von Sensitiven werden sie meist als blaue oder grüne, strahlende Wesen gesehen.

Es gibt sehr viel mehr weibliche als männliche Wassergeister. Dies ist kein Wunder, da Wasser das weibliche Element ist. Treten Meerjung-

frauen, Nixen, Undinen oder Selkies in menschlicher Gestalt auf, sind sie überaus schön und graziös. Manchmal nehmen die Geister des Wassers auch Tiergestalt an und verwandeln sich in außergewöhnliche Fische oder Wasserschildkröten. Die Wasserfeen, die im Meer leben, verwandeln sich manchmal in Delphine oder reiten auf ihnen.

Die Feen und Elfen des Wassers können klein wie winzige Tau- oder Wassertropfen sein, sie können sich aber auch über die gesamte Wasserfläche ausbreiten. Die Süßwassernymphen, die bei uns meistens Nixen heißen, werden oft mit einem menschlichen Oberkörper und einem Fischschwanz dargestellt. Dies symbolisiert das Wesen vieler Naturgeister, die zwar in die menschliche Sphäre hineinragen, jedoch stets auch mit der Natur und der tierischen Sphäre verbunden bleiben.

Eigenschaften der Wassergeister

Die Feen des Wassers werden meist als gutmütig, freundlich und sanftmütig beschrieben. Ihre Hauptaufgabe besteht darin, die Gewässer zu schützen. Sie entfalten ihre reinigenden Wirkungen überall dort, wo natürliche Wasserquellen auftreten.

»Titania kämmt ihr goldenes Haar«. Arthur Rackham ließ sich bei dem Bild der Wasserfee von Shakespeares Sommernachtstraum anregen.

Als Hüter des Wassers passen sie auf Wassertiere und -pflanzen auf. Meist wirken die Wassergeister in großen Gruppen. Ganze Scharen von Wassergeistern tummeln sich in Seen, Flüssen und Ozeanen.

Wassergeister verbinden den Menschen mit seiner Gefühlsebene und treten manchmal als individuelle Schutzgeister auf. Doch sie können auch gefährlich werden: Meerjungfrauen sind sehr verführerisch. Ihr Gesang ist so betörend, dass er manchen Seeleuten, die sich in die Tiefe locken ließen, zum Verhängnis wurde. Von Wassermännern lesen wir, dass sie sehr, sehr alt werden. Oft sind sie so alt wie das Gewässer, über das sie herrschen.

Die Selkies, weibliche Wassergeister der Shetland-Inseln, nehmen die Gestalt von Seehunden an. In mondklaren Nächten kommen sie an Land, legen ihr Fell ab und verwandeln sich in wunderschöne Frauen. Vergießt ein junger Mann im Liebeskummer Tränen ins Meer, so lockt er dadurch die Selkies an, die sich mit ihm vereinigen.

Wenn Menschen in Märchen durch die Verführung von Wassergeistern ertrinken, so steckt eine symbolische

Das Element Wasser ist in Aufruhr – auf dem Gemälde von Lucy Kemp-Welch aus dem Jahr 1896 entsteigen Rosse der tobenden See.

Wo der Bach noch Raum hat, über bemooste Steine zu plätschern, sind die reinigenden und heilenden Kräfte der Wassergeister spürbar.

Bedeutung dahinter: Wer von einer Wassernymphe (die Flexibilität und Verwandlung repräsentiert) geküsst (berührt) wird und sich mit ihr vereinigt (Verschmelzungsritual), erfährt eine tief gehende Verwandlung: Das Festgefahrene, Blockierende löst sich in ihm auf (verflüssigt sich), das Problem verschwindet und gleichzeitig wird eine höhere Bewusstseinsstufe erreicht.

Das Geheimnis der Wassergeister

Indem wir Kontakt zu den Geistern des Wassers aufnehmen, können wir Qualitäten entwickeln, die durch das Wasserelement repräsentiert werden. Dazu gehören Flexibilität, Nachgiebigkeit, Lebendigkeit und das »Im-Fluss-Sein«. Wasser symbolisiert aber auch Gefühle und Emotionen sowie Reinigung und Wandlung. Wasser steht ferner für die weibliche Energie, für Sensitivität und Intuition. Wasser ist ein weiches Element, das allen Hindernissen ausweichen und sich seiner Umgebung optimal anpassen kann. Obwohl sehr flexibel, hat Wasser enorme Kräfte und kann sogar härteste Felsen formen. Wasser repräsentiert die emotionale Ebene, den Gefühlsbereich. Wenn jemand leicht weint, sagen wir, dass er »nahe am Wasser gebaut hat«. Fließendes Wasser symbolisiert Bewegung, Emotionen und Wandlung, stilles Wasser hingegen Klarheit und

Introvertiertheit. Nicht umsonst sagt man: »Stille Wasser sind tief.« Große Künstler, aber auch viele spirituelle Menschen zeichnen sich durch Ideenreichtum, Flexibilität und ein hohes Maß an weiblicher Intuition aus, allesamt Wasseraspekte. Wasser ist absolut lebensnotwendig. Viele Schöpfungsmythen berichten, dass das Leben aus dem Wasser geboren wurde. Und tatsächlich entwickelten sich die ersten Lebensformen auf unserem Planeten im Wasser der Ozeane. Wenn kein Regen fällt, das Land nicht bewässert wird und die Flüsse austrocknen, gefährdet die Dürre das Überleben von Pflanzen, Tieren und Menschen; und wenn jemand die berufliche Existenz eines anderen gefährdet, sagt eine

Die Nymphen des Wassers verschenken die guten Gaben der Natur großzügig an die Menschen (»Wassernymphe mit Füllhorn« von A. Böcklin).

Redewendung, dass »er ihm das Wasser abgräbt«. Das Wasserelement symbolisiert noch einen anderen wichtigen Aspekt – die Reinigung. Wasser erfrischt, erneuert und wäscht Belastendes ab. Wasser steht für Reinheit und Unschuld. »Ich wasche meine Hände in Unschuld«, sagte Pilatus nach der Verurteilung Jesu. Rituelle Waschungen spielen in Christentum, Judentum, Buddhismus und Islam eine große Rolle. Die Hindus kennen das Bad im heiligen Fluss, im Ganges, durch das sie sich von Sünden und Unreinheiten befreien können. Im Wasser wird der Christ getauft. Erst durch die Taufe wird ein Kind in die christliche Gemeinde aufgenommen, denn durch dieses Einweihungsritual wird die Zugehörigkeit zur Kirche und das Reinwaschen von Sünden zum Ausdruck gebracht.

Heilkraft des Wassers

Gewässer, in denen Wassergeister leben, sollen besonders heilkräftig sein. Die positive Macht des Wassers wurde schon von den Griechen des Altertums genutzt. Es wurden Waschungen durchgeführt, um böse Geister abzuwehren, und das Händewaschen galt als Schutz gegen Dämonen. Im Mittelalter stellte man unheilbar Kranken vielerorts einen Eimer Wasser ans Sterbebett. Das Wasser diente dazu, dass sich die Seele vor ihrer Reise ins Paradies darin reinigen konnte. In der Mythologie wurde fließendem Wasser große Kraft zugesprochen. So hieß es, dass Dämonen und böse Mächte Flüsse nicht überqueren können. Quellen, die aus der Erde fließen, galten damals ebenso als heilig und heilend wie Flüsse. Strömendes Wasser versinnbildlicht Lebendigkeit. Schon der griechische Philosoph Heraklit hat auf den sich

Luftgeister, die auch Anteile des Elements Wasser in sich tragen, zeigen sich uns in den unterschiedlichsten Wolkenformationen und im Nebeldunst.

ewig wandelnden und verändernden Aspekt des Wassers aufmerksam gemacht. Er sagte, dass niemand zweimal in denselben Fluss steigen könne. Der Fluss ist in ständiger Bewegung. Wie das Leben verändert er sich in jedem Augenblick, ist in jedem Moment einzigartig.

Magie des Wassers
Die Völker der Antike hatten großen Respekt vor dem Wasser, das ja auch immer Gefahr beinhaltet. Damals wie heute haben Überschwemmungen vielen Menschen Hab und Gut geraubt oder gar den Tod gebracht. Vor allem das Meer, diese ungeheure Wasseransammlung mit ihrer schier unabsehbaren Weite und Tiefe, hat den Menschen schon immer Angst eingejagt. Doch gleichzeitig weckt es eine Ursehnsucht. In einigen Märchen lesen wir, wie Jünglinge, von schönen Nixen durch ihre Zauberkräfte angelockt, in den Tiefen eines Sees ertrunken sind (siehe auch Abbildung »Hylas und die Nymphen« auf Seite 15).
Besonders Kinder sind gefährdet, dem Liebreiz der Wasserfeen zum Opfer zu fallen. Das hat jedoch nichts mit dem bösen Willen der Wassergeister zu tun, sondern liegt an ihrer faszinierenden Ausstrahlung, die Kinder neugierig macht und ins Wasser lockt. Im Mittelalter versuchte man, Nixen und Wassernymphen zu besänftigen, indem man Goldmünzen als Opfer in Brunnen oder Flüsse warf. Es hieß, dass im Wassermannzeichen geborene Kinder den Wassergeistern besonders leicht zum Opfer fallen. Deshalb warfen die Mütter beim Taufgang eine Münze in einen Fluss oder See und riefen: »Hier hast du das deine, lass mir das meine.« Wassergeister werden jedoch nur in Ausnahmefällen gefährlich. Wer sich ihnen vernünftig und achtsam nähert, wird immer freundlich empfangen. Wasserfeen sollen nicht nur heilende, sondern auch verjüngende Energien besitzen. Seit jeher gilt Wasser daher auch als Jungbrunnen. Schon die Kelten verehrten heilige Quellen, die Jugend und Glück versprachen. Das mythologische Motiv vom Brunnen des ewigen Lebens war im Mittelalter beliebtes Bildmotiv und Thema vieler Volksschauspiele.

DIE NIXEN

Im nordeuropäischen Volksglauben sind die Nixen schöne, anmutige Wesen, die Bäche, Flüsse, Seen und Teiche bewohnen.

❋ Die Nixen lieben den Tanz und die Musik und sind sehr verspielt. Oft werden diese Wasserwesen dargestellt, wie sie sich auf Felsen sonnen oder mit dem Oberkörper zwischen den Wellen auftauchen.

❋ Selten ist auch von männlichen Nixen die Rede. Der Nix ist ein Furcht erregendes Meeresungeheuer. Es sieht wie ein gigantisches Seepferd aus und kann ganze Schiffe in die Tiefe reißen.

❋ Es gibt allerdings auch freundlichere Beschreibungen vom Nix oder Neck; danach handelt es sich um einen uralten, langbärtigen Wassermann, der gutmütig ist, das Wasser schützt und die Einsamkeit liebt.

Die Geister der Luft

Die Geister der Luft heißen Sturmfeen, Windelfen, Sylphen oder Luftdevas. Im Gegensatz zu Erd- und Wassergeistern tauchen sie in Märchen und Mythen selten auf.

Götter des Luftelements
Das Luftelement repräsentieren die griechischen Götter Hera, Iris, Zeus, die römische Juno, die nordischen Götter Odin und Frigg, die ägyptische Nut, Quetzalcoatl, ein Gott der Azteken, Indra in Indien und in China Feng-Po. Auch der sumerische Gott Enlil und der ägyptische Luftgott Schu personifizieren das Luftelement – beide trennen der Mythologie zufolge die Erde vom Himmel ab.

Wo leben die Luftgeister?
Luftgeister halten sich überall in der Luft auf. Sie lieben vor allem hoch gelegene Orte wie die Berge und ihre Gipfel und offenbaren sich auch im Wind: Die Elementargeister der Luft wirken in der kleinsten Sommerbrise ebenso wie im brausenden Herbstwind, in mächtigen Orkanen, Windhosen und Wolken.

Wie sehen Luftgeister aus?
Meistens verbergen sich Luftgeister sehr gut. Man bekommt sie selten zu Gesicht, denn sie sind zumeist unsichtbar. Am ehesten kann man Luftfeen in den Bewegungen der Luft wahrnehmen – im Wind oder in einem plötzlichen Luftzug.
Viele Sylphen tragen Aspekte des Wasserelements in sich und offenbaren sich in den unterschiedlichsten Wolkenformen.
Hellsichtige beschreiben die Luftgeister als sehr zarte, ätherische Wesen von beeindruckender Schönheit, die silberne, goldene, hellblaue oder violette »Gewänder« tragen. Manchmal werden sie mit Flügeln gesehen und gleichen Engeln, manchmal treten sie in Gestalt von Schmetterlingen oder Vögeln auf.

*Im leisen Windhauch genauso wie im tosenden
Sturm zeigen sich die Geister des Elements Luft.
Sie vereinen Leichtigkeit und gewaltige Energie.*

Gedanken und Stimmungen entstehen, wohingegen die Stimmung getrübt ist, wenn irgendwo »dicke Luft herrscht«. Werden Entdeckungen von vielen Wissenschaftlern oder Erfindern auf der ganzen Welt etwa zeitgleich gemacht, sagen wir, dass die neuen Ideen wohl schon »in der Luft lagen«. Die Luft ist also auch ein Medium, über das subtile Gedankenimpulse sich verbreiten.

Häufig offenbaren sich Luftfeen im Wind. Wind entsteht, wo Luft in Bewegung kommt. Im Volksglauben kam dem Wind eine besondere Bedeutung zu. In der altgermanischen Mythologie sitzt der adlerartige Riese Hraeswelg im Himmel, wo er seine Flügel ausbreitet und dadurch den Wind erzeugt. Immer wurde der Wind mit übermenschlichen Mächten, mit Göttern und Riesen in Verbindung gebracht.

Eigenschaften der Luftgeister

Die Geister der Luft sind äußerst vital und energiegeladen. Sie gelten als erfrischend, erneuernd und lebenserhaltend. Luftgeister schützen die Erdatmosphäre; sie lenken die Luftströmungen und den Wind und versuchen, die Luft trotz aller Verschmutzungen immer wieder zu reinigen. Die Geistwesen des Luftelements bergen eine unerschöpfliche Quelle der Lebensenergie in sich und produzieren unermüdlich lebenswichtigen Sauerstoff.

*Im Duft der Blätter
im Herbstgewitter
tanzt du, Sylphe, luftiges Kind
Du niemals gestillte
wolkenumhüllte
Fee im Wind.*
RON VAN VALKENBERG

Das Geheimnis des Luftgeister

Luftgeister repräsentieren Qualitäten wie Freiheit, Weite, Unendlichkeit und Erneuerung. Die Mächte der Luft symbolisieren aber auch die Ebene der Gedanken- und Ideenwelt und fördern die Inspiration. Aspekte wie Leichtigkeit oder Lebensenergie finden ihre Entsprechung im Luftelement.

Lebenserhaltende Energie

Luft und Atmung hängen unmittelbar zusammen. Ohne Luft könnten wir nicht leben – die Energieversorgung unseres Körpers würde innerhalb weniger Minuten zusammenbrechen. Die Luftgeister stecken voller Lebendigkeit. Mit der Luft nehmen sie ja vor allem Energie auf. Wenn jemandem »die Luft ausgeht«, verlassen ihn die Kräfte.

Die Elementargeister der Luft beeinflussen die Seele besonders nachhaltig. Atem und Seele hängen eng zusammen: Das Wort »Atem« ist mit dem Sanskritwort »Atman« (= Seele, Hauch) verwandt. Und durch seinen »Odem« bläst Gott in der biblischen Schöpfungsgeschichte dem Menschen das Leben ein.

Die Leichtigkeit der Luft wirkt inspirierend. Das Wort »Inspiration« (lat. inspirare = einhauchen, einblasen) zeigt den Zusammenhang zwischen Luft, Atem und Seele.

Wo die Luft besonders rein und klar ist, sind Luftgeister sehr aktiv. In frischer, sauberer Luft können klare

Machtvolle Geister

Die Herrscher der Winde sind äußerst energiegeladene Geistwesen: Wind ist ein Symbol für Kraft und Energie. Da die Luftgeister den Wind regieren, erzeugen sie auch die Stürme, die dem Menschen durchaus gefährlich werden können. In nordi-

Sylphen sind hauchzarte Luftwesen, die auf Sonnenstrahlen tanzen können. Manchmal sehen sie wie Mücken aus, dann wieder menschenähnlich.

schen Sagen ist die Windsbraut eine verwunschene Seele, die sich im zerstörerischen Aspekt des Windes, etwa in verheerenden Orkanen ausdrückt. Die Windsbraut beherrscht den Frühlings- und Sommerwind und tritt vor allem morgens in Erscheinung. Im Gegensatz dazu herrscht ihr Gatte über die Herbst- und Winterwinde und lässt den abendlichen Wind aufbrausen.
Im Mittelalter glaubte man, dass jemand, der in einen Windzug gerät, verhext würde. Als offensichtliches Zeichen für Verhexung galten die geröteten, geschwollenen Augen. Heute würden wir natürlich weniger von Hexenwerk als vielmehr von einer Bindehautentzündung sprechen.

Opfer für die Luftgeister
Durch Opfergaben versuchte man, die Luftgeister zu besänftigen. Mehl, Salz oder Brotkrumen wurden dazu von einem Berg in die Tiefe oder direkt in den wehenden Wind hinein gestreut, wobei ein Opferspruch aufgesagt wurde.
In früheren Zeiten zündete man noch Kerzen an, um die Geister des Windes zu besänftigen und Sturmschäden abzuwenden. Die Kerzen wurden auf das der Wetterseite zu-

gewandte Fensterbrett gestellt, und gleichzeitig las man aus der Bibel. Grundsätzlich wirken Luftgeister jedoch nicht zerstörerisch, sondern erneuernd und reinigend. Der Wind bläst alles Alte fort; wo »ein frischer Wind weht«, entstehen neue Ideen. Aus dem Märchen »Hänsel und Gretel« kennen wir den Kinderreim: »Der Wind, der Wind, das himmlische Kind«. Tatsächlich leben die Geister der Luft nicht nur im Wind, sondern auch im Himmel, der unendliche Weite repräsentiert und ein Synonym für das Paradies ist. Redewendungen wie »der Himmel auf Erden«, »im siebten Himmel«, »auf Wolke sieben« oder »himmelhoch jauchzend« verweisen allesamt auf paradiesische Zustände.
Die Sphären, in denen Luftgeister wirken, sind mitunter so himmlisch, dass sie oft mit Engeln verwechselt werden. Dennoch gehören Luftfeen wie alle Elementargeister zur irdischen Sphäre und haben keine unmittelbare Verbindung zum Himmlischen Vater, von dem Jesus spricht. Luftgeister herrschen im äußeren Himmel, der Luftschicht, die die Erde umgibt, und sie haben nichts mit den Engeln zu tun, die im göttlichen Himmel beheimatet sind.

Die Geister des Feuers

Die Geister der Feuers hießen ursprünglich Salamander, was zu Verwirrungen führt. Die aus dem Mittelalter stammende Bezeichnung für Feuergeister hat nichts mit dem Feuersalamander zu tun, und die ätherischen Geister haben auch keinerlei Ähnlichkeit mit dem bekannten Lurch. Feuergeister werden heute kaum noch als Salamander, sondern meist als Feuerfeen, Flammenfeen, Feuerdevas, Vulkanelfen oder Sonnengeister bezeichnet.

Götter des Feuerelements
Zu den bekanntesten Vertretern der Feuer- und Sonnengötter zählen bei den Griechen Apollo, Prometheus, Hestia und Hephaistos, im alten Rom Vulcanus und Vesta, in Skandinavien Loki, bei den Kelten Brigid. Der aztekische Xiuhtecutli, Agni und Surya in Indien sowie Ra in Ägypten sind ebenfalls Feuergötter.

Wo leben die Feuergeister?
Die Elementargeister des Feuers lieben die Hitze und das Licht. Sie leben überall, wo Feuer ist, etwa im Lagerfeuer oder im Feuer des Kamins. Selbst Kerzenschein lockt Feuerfeen herbei. In beeindruckender Weise wirken die Elementargeister in der Sonne, im Blitz, in Vulkanen und im geschmolzenen Erdzentrum. Sie lieben warme Quellen, können sich aber auch in Waldbränden und Explosionen offenbaren. Im Mittelalter wusste man, dass einige Feuergeister die Nähe des heimischen Herdes suchen, was Anlass für verschiedene Herdrituale war.

Wie sehen Feuergeister aus?
Die Geister der Feuers passen sich ihrer natürlichen Umgebung an. Sensitive Menschen können sie im

Ich sehe den Salamander/durch jedes Feuer gehen./ Kein Schauer jagt ihn, und es schmerzt ihn nichts (Ingeborg Bachmann aus: Erklär mir Liebe).

Spiel der Flammen ausmachen und beschreiben sie in gelben, orangen und rötlichen Farben. Die oft flammenförmigen, meist als männlich empfundenen Geister werden aber auch im Rauch sichtbar, der über Feuerquellen aufsteigt.

Eigenschaften der Feuergeister

Die Elementargeister des Feuers bleiben gern unsichtbar, da sie sehr scheu sind. Es ist daher schwierig, sie optisch wahrzunehmen. Feuergeister sind sehr energiegeladen und repräsentieren den männlichen Pol. Durch ihre plötzlich aufwallende Energie sind sie schwer zu kontrollieren. Feuer wird ja schnell unberechenbar und so sollte man lieber nicht »mit dem Feuer spielen«. Auch Feuergeistern sollte man sich nicht leichtsinnig, sondern vorsichtig und respektvoll nähern.

Niemals verkehrt ich mit Salamandern,
Und über ihr Treiben erfuhr ich von andern
Waldgeistern sehr wenig. Sie huschten mir scheu
Des Nachts wie leuchtende Schatten vorbei.
Heinrich Heine (1797–1856)
aus: »Waldeinsamkeit«

Feuergeister sind sehr leidenschaftlich und emotional. Sie lieben die Musik, insbesondere den Rhythmus: Trommelklänge laden sie ein. Die Elfen des Feuerreichs haben nicht nur wärmende, sondern auch entgiftende und reinigende Aspekte.

Das Geheimnis der Feuergeister

Wer in Meditationen oder Ritualen Kontakt zu den Geistern des Feuers aufnimmt, verbindet sich mit »Feuerqualitäten« – dazu gehören vor allem Wärme und Licht.

Die Feuergeister repräsentieren Transformation und Reinigung, aber auch brennende Leidenschaft, Sexualität, starke Emotionen und Vitalität.
Das Feuer hat große Macht – es spendet Wärme und Licht, verbrennt aber auch alles, was sich ihm in den Weg stellt. In vielen Kulturen wurden die Toten im Feuer bestattet, denn im Feuer wird die Seele gereinigt und zu Gott getragen. Erst als der Mensch lernte, das Feuer zu nutzen, bekam er Macht über die Natur und konnte sein Überleben sichern. Im Winter wärmte das Feuer den Men-

Im antiken Griechenland schrieb man Gewitter Gott Zeus zu, der mit eigener Hand die Blitze schleuderte (Skulptur um 470 v. Chr.).

schen und schützte ihn vor dem Erfrieren. Wilde Tiere wagten sich nicht in die Nähe von Feuerstellen, wodurch Feuer auch Sicherheit gab. Die Menschen lernten, ihre Speisen im Feuer genießbar zu machen, Erz zu schmelzen und Waffen oder Arbeitsgeräte zu schmieden.
Seit jeher gilt Feuer als Symbol des Lebens: Es spendet Licht, Nahrung und Wärme, kann aber auch sehr zerstörerisch wirken, weshalb es mitunter mit Krieg und Hölle assoziiert wird. Die alten Völker brachten das Feuer jedoch vor allem mit Sonne und Licht in Verbindung. Prometheus, ein Held der griechischen Mythologie, stahl das Feuer aus dem Blitz des Göttervaters Zeus, um es

den Menschen zu bringen und ihnen das Leben zu erleichtern. Prometheus galt als Erfinder aller Künste, die den Menschen erfreuen und sein Dasein schöner machen. Aufgrund ihres göttlichen Ursprungs wurden die Feuergeister wie keine anderen Elementargeister durch Opferungen gütig gestimmt. Schon bei den Inkas bewachten Tempelfrauen die heiligen Feuerstellen. Vesta hieß die römische Göttin des Herdfeuers; damit es nie verlöschen konnte, wurde es von den Vestalinnen, jungen Priesterinnen, bewacht.
In vielen Naturvölkern gelten die Geister des Feuers noch heute als heilig. Räucherrituale mit wohlriechenden Substanzen wurden durchgeführt, um Botschaften und Bitten an die Götter zu schicken. Opferbräuche werden heute nur noch selten zelebriert. Andererseits rufen wir in feierlichen Momenten immer noch die Feuergeister – wenn auch unbewusst: An Geburtstagen, zu

Den Menschen früherer Zeiten erschienen Blitze als Ausdruck göttlicher Macht, die schicksalhaft auf die Menschen einwirkte.

Weihnachten, in romantischen Augenblicken zünden wir Kerzen an. Ebenso wie ein Kaminfeuer kann auch Kerzenlicht den Betrachter in einen Zustand tiefer Entspannung versetzen: Keine anderen Naturgeister lösen so schnell Trancezustände aus wie die Geister des Feuers.

Die Geister des Feuers zeigen sich nicht nur in den Flammen, sondern auch im Blitz. Er ist eine besonders eindrucksvolle Manifestation der feurigen Elementargeister.

Der Blitz kommt oft völlig überraschend, eben wie »ein Blitz aus heiterem Himmel«. Wenn etwas »wie ein Blitz einschlägt«, dann geht es durch Mark und Knochen.

Der Blitz verdeutlicht die stark energiegeladene, spontane Energie der Geister des Feuerreichs sehr gut. Feuergeister sind besonders leidenschaftlich und können Begeisterung, aber auch sexuelle Energie wecken: Wer »leicht Feuer fängt«, der ist spontan zu begeistern und kann schnell »Feuer und Flamme« für etwas sein. Und wer »in Flammen steht«, der hat sich heftig verliebt und kann tagelang nur noch an »seine neue Flamme« denken.

Das gehütete Herdfeuer

Im Mittelalter galt der Herd als Zentrum des Hauses. Haus und Herd gehörten bereits seit Anbeginn der Zivilisation eng zusammen. Der Herd

Feuer erwärmt und erhellt die Nacht, es hat aber auch seine verderblichen Seiten. Die Geister des Feuers verfügen über starke Kräfte.

brachte Wärme und Licht ins Haus und war der Platz, an dem die Geister des Feuers über Jahrhunderte hinweg beschworen wurden. Daraus entwickelten sich auch folgende Bräuche: Bevor die Braut des Hausherrn in ihre neue Familie aufgenommen wurde, musste sie den »Herdsegen« empfangen. Sie verbeugte sich dabei vor dem Herd, umschritt ihn dreimal und brachte dem Feuer ein Opfer dar – meist in Form getrockneter Kräuter.

Das Erlöschen des Herdfeuers wurde als böses Omen angesehen, so dass der Herd nur in seltenen Ausnahmefällen kalt wurde. Ein verbreiteter Brauch bestand darin, die Asche am Karfreitag aus dem Herd zu kehren, und es hieß, dass man Haus und Hof damit vor Bränden schützen könne.

Bräuche rund ums Feuer

Eine besondere Bedeutung kam früher dem Johannisfeuer zu, das am Vorabend des Festtags Johannes des Täufers (24. Juni) entzündet wurde. In der Nacht der Sommersonnwende wurden große Feuer entzündet, die »Himmelsfeuer«, um den Dank an die Sonne zum Ausdruck zu bringen, sie zu ehren und den Sieg des Lichts zu feiern. Durch das Entzünden des Johannisfeuers wird die kürzeste Nacht des Jahres erhellt und die Mächte der Finsternis endgültig vertrieben. Noch heute feiert man das Sonnwendfeuer in ländlichen Gegenden mit Tanz und Musik.

In der Mongolei werden die Geister des Feuers wie schon seit vielen Jahrhunderten verehrt.

In nächtlichen Ritualen befragen die Schamanen die Feuergeister nach der Zukunft. Dazu werden die Fragen mit einem Messer in kleine Holzstücke eingeritzt und diese anschließend verbrannt. Aus der Intensität des Feuers, aus der Farbe der Flammen sowie aus der Art wie der Rauch aufsteigt, können die Schamanen und Heilerinnen die Botschaften der Feuergeister herauslesen.

Behüter der Pflanzen

Nachdem wir uns mit den Elementargeistern beschäftigt haben, wollen wir noch einen Blick auf wichtige Vertreterinnen des Feenreichs werfen – auf die Elfen und Feen der Bäume und Blumen. Jede Pflanze hat ihren eigenen Schutzgeist, der sie mit Energie versorgt und sie vor schädlichen Einflüssen wie Hitze und Kälte schützt. Elfen und Feen sind insbesondere im Reich der Blumen und Bäume sehr aktiv.

DIE DRYADEN – BAUMFEEN DER ANTIKE

Die griechische Mythologie erzählt von den Dryaden. Diese Nymphen sind eng mit den Bäumen verbunden, Sie entstehen und vergehen mit ihnen.

* Nach altgriechischer Vorstellung wurde jeder Baum mit seiner Dryade geboren und zeitlebens von ihr beschützt.
* Dryaden, die mit der Rinde, den Blättern und den Ästen des Baumes verschmolzen waren und direkt im Baum lebten, wurden als »Hamadryaden« bezeichnet.
* Starb der Baum, so starb seine Dryade mit ihm. Die Griechen glaubten daher, dass jeder, der ohne zwingenden Grund einen Baum fällte, von den Göttern bestraft wurde. Im alten Griechenland wurden Bäume daher nie leichtfertig und unüberlegt gefällt.
* Heute würden wir die Dryaden am ehesten als Baumelfen bezeichnen. Die Baumelfen halten sich immer in unmittelbarer Nähe ihres Baumes auf. Wo aufgrund widriger Umweltbedingungen Bäume erkranken, leiden auch die Naturgeister.
* Sobald die Bäume gestorben oder gefällt worden sind, ziehen sich aus ihnen die Naturgeister und damit die Lebensenergie vollends zurück.

Auch wenn Blumen wie Tulpen, Narzissen oder Maiglöckchen aus einiger Entfernung einander ähnlich erscheinen, ist doch jede Blume einzigartig. Wie jeder Mensch hat jede Pflanze ihre Eigenheiten, die sie von allen Artgenossen unterscheidet. Hellsichtige wissen, dass jede noch so unscheinbare Blume von ihrer eigenen Blumenfee umsorgt wird.

Devas – wunderbar zarte Wesen

Die Pflanzendevas gehören zu den lieblichsten und zartesten Lichtwesen, die es gibt. Sie erstrahlen in wunderschönen Farben. Manche dieser Wesen sind winzig klein, andere können die Pflanzen wie ein starkes, farbiges Energiefeld umhüllen. Einige Pflanzenfeen leben auch vollkommen unsichtbar im Blütenkelch oder in den Wurzeln, Zweigen und Blättern der Bäume.

Oft werden Baum- und Blumenelfen zum Erdelement gezählt und als Erdgeister bezeichnet. Zwar stimmt es, dass die Geister der Erde das Erdreich und die Mineralien schützen und gute Voraussetzungen für die Pflanzen schaffen, doch die überaus zarten Baumelfen und Blumenfeen unterscheiden sich deutlich von Erdgeistern wie Kobolden und Zwergen.

Das Wirken der vier Elemente

Alle Lebewesen der Erde, ob Menschen, Tiere oder Pflanzen, sind Kinder der vier Elemente Erde, Wasser, Feuer und Luft. Am Beispiel der Pflanzen wird dies besonders deutlich: Eine Rose wurzelt in der Erde und wächst aus ihr empor in die Luft. Die Elementargeister des Erdelements versorgen sie mit allen Nährstoffen des Bodens. Doch um wachsen und gedeihen zu können, braucht sie auch Wasser, denn sonst würde sie schnell vertrocknen.

Und natürlich braucht die Rose für ihr Wachstum auch die günstigen Bedingungen, die sie in der Luft, in der Biosphäre, vorfindet.

Rosen können ebenso wie alle anderen Pflanzen ein wahres Kunststück vollbringen: Durch die Fotosynthese bauen sie ihre organische Körpersubstanz aus unbelebtem, anorganischem Material auf, was ihnen allerdings nur durch die Energie der Sonne gelingt.

Wie wir sehen brauchen Pflanzen also alle vier Elemente: Erde, Wasser, Luft und Feuer (Sonne).

Nur wenn alle vier Elemente harmonisch zusammenwirken, entsteht als Frucht die Pflanze mit dem ihr entsprechenden Lichtwesen.

Baumelfen und Blumenfeen

Die Naturgeister der Bäume und Blumen entsprechen am ehesten der gängigen Elfen- und Feenvorstellung. Blumenfeen und Baumelfen sind scheue Wesen. Im Vergleich zu den Feuer- oder Wassergeistern ist ihre Macht nicht unerschöpflich. Dennoch ist es die Energie dieser zarten Wesen, die die Pflanzen schützt. Pflanzen sind für den Menschen sehr wichtig. Sie reinigen die Luft und halten das Klima im Gleichgewicht. Darüber hinaus schenkt die Pflanze dem Menschen den Großteil seiner Nahrung. Aus Pflanzen werden Kleider, Medikamente und Naturheilmittel hergestellt. Je rücksichtsloser der Mensch den Lebensraum der Pflanzen gefährdet, desto schneller gräbt er sich sein eigenes Grab. Die Arbeit mit den Naturgeistern eröffnet jedem eine wunderbare Möglichkeit, seine Mitwelt aktiv zu schützen.

Sorgen wir uns um die Natur, so unterstützen wir auch die Pflanzenfeen bei ihrer Arbeit (Gemälde von Eleanor Fortescue-Brickdale).

Begegnung mit Naturgeistern

Bei den folgenden Übungen und Meditationen handelt es sich um Vorschläge. Haben Sie den Mut, Ihren eigenen Weg zu finden. Wenn Sie aufgeschlossen und neugierig experimentieren, werden Sie gute Erfolge haben. Geduld lohnt sich, denn die Verbindung zu den Naturgeistern wird Ihr Leben verändern.

Im Einklang mit der Natur

Naturgeister strahlen heilende Energien aus. Märchen und Sagen berichten, dass die Lichtwesen der Natur Schutz und Geborgenheit bieten. Je achtsamer und liebevoller wir uns ihnen nähern, desto spürbarer werden ihre reinigenden Kräfte.

Was Sie über Feen und Elfen wissen sollten

Bevor Sie in die Welt der Feen reisen, möchte ich Ihnen Reisetipps mit auf den Weg geben. Es gibt bestimmte Orte und Zeiten, zu denen Feen und Elfen besonders aktiv sind. Außerdem können einige Anzeichen darauf hindeuten, dass Naturgeister sich Ihnen nähern. Hinweise finden wir in der Mythologie, in Sagen, Märchen und Bräuchen und durch Erfahrungen von Menschen, die mit der Feenwelt in Kontakt stehen und von ihren Erlebnissen berichten.

VOM RICHTIGEN ZEITPUNKT

Beginnen wir mit der Frage nach der richtigen Zeit. Wann sollten Sie in die Natur gehen? Am aktivsten sind die Elementargeister
* im Morgengrauen, kurz vor Sonnenaufgang.
* in der Abenddämmerung, kurz vor Sonnenuntergang.
* zur Mittagsstunde, wenn die Sonne am höchsten Punkt steht.
* zu Mitternacht, die nicht umsonst die »Geisterstunde« heißt.
* in Übergangszeiten, also im Frühling und Herbst und jeweils zu Beginn der Jahreszeiten.

Naturgeister bieten dem Menschen Schutz und Geborgenheit. Hören wir auf die Sprache der Natur, dann erfahren wir ihre heilende Energie.

Orte der Kraft

Ebenso wichtig wie die Frage nach der besten Zeit ist die Frage nach dem richtigen Ort. Es gibt Plätze, an denen Feen und Elfen sich besonders wohl fühlen.

Wenn Sie Elementargeistern begegnen wollen, müssen Sie in die Natur gehen. Je mehr Zeit Sie dort verbringen, desto besser. Feen findet man am ehesten, wo die Natur von menschlichem Einfluss verschont und daher voller Leben ist.

ELFE
Bleib bei uns!
wir haben den Tanzplan im Tal
Bedeckt mit Mondesglanze,
Johanniswürmchen erleuchten
den Saal,
Die Heimchen spielen zum Tanze.
Die Freude, das schöne,
leichtgläubige Kind,
Es wiegt sich in Abendwinden:
Wo Silber auf Zweigen und
Büschen rinnt,
Da wirst du
die Schönste finden!
JOSEPH VON EICHENDORFF
(1788–1857)

Je unberührter und ursprünglicher die Landschaft ist, umso lieber halten Lichtwesen sich dort auf.

Die meisten Naturgeister meiden die Zivilisation, doch einige haben sich an sie gewöhnt, weshalb man Baum- und Blumengeistern sogar in Stadtparks begegnen kann.

Obwohl die Lichtwesen sehr scheu sind, meiden sie doch die Nähe zum Menschen nicht grundsätzlich.

Wo Gärten wild wachsen dürfen, wo viele unterschiedliche Pflanzen in der Nähe des Hauses gedeihen, wo Kinder im Garten spielen, wo viel

Überall stoßen wir in der Schönheit der Natur auf Spuren von Geistwesen. Kein Tautropfen ist zu gering dazu.

✢ Unerwartete Geräusche: unerklärliches Rascheln, ein Rauschen oder ungewöhnliche Klänge in der Natur, die man nicht orten kann.

✢ Unerklärliche Bewegungen: wenn sich Wasser plötzlich kräuselt, wenn Gras oder Blätter sich bewegen, obwohl es windstill ist.

WIE FINDET MAN KRAFTORTE?

Orte der Kraft können Sie nur mit Ihrer Intuition aufspüren. An einigen Plätzen ist die Wahrscheinlichkeit, Elfen und Feen zu entdecken, jedoch besonders groß. Zu diesen Plätzen gehören vor allem

⊛ Wälder, Waldränder, Wegkreuzungen im Wald
⊛ Bäche, Flüsse, fließende Gewässer und deren Uferzonen
⊛ natürliche Seen und deren Uferbereich
⊛ Gebirgslandschaften, hohe Lagen in Nähe der Gipfel
⊛ Höhlen im Gebirge oder in der Erde; hohle Bäume
⊛ wilde Hecken, Gebüsche und Unterholz
⊛ Blumenwiesen, Lichtungen, Heidelandschaften.

✢ Eine plötzliche Brise – scheinbar aus dem Nichts auftretender Wind oder Windwirbel.

✢ Eigenartige optische Erscheinungen, beispielsweise, wenn Sie plötzlich Lichtblitze sehen; wenn ein Flimmern auftaucht, oder wenn man einen bestimmten Teil der Landschaft verwaschen sieht.

✢ Auffallende Düfte, die einem plötzlich in die Nase strömen, obwohl es keine erklärbare Quelle dafür gibt. Es können leichte, frische und blumige oder auch erdige, harzige und schwere Düfte sein.

gelacht und getanzt wird und wo Musik erklingt und eine friedvolle Atmosphäre herrscht, da sind die guten Geister der Pflanzen und des Hauses nicht weit.

Die Gegenwart von Naturgeistern

Normalerweise sehen wir Feen und Elfen nicht mit unseren gewöhnlichen Augen. Dies ist nur wenigen, hellseherisch begabten Menschen möglich. Naturgeister können eher

Die Gegenwart von Naturgeistern wird an stillen Abenden in der Natur spürbar (»Träumerei« von Juan Brull Vinoles, 1898).

erahnt und gespürt als gesehen werden. Die Geistwesen der Natur teilen sich vor allem über Gefühle und Empfindungen mit. Einige typische Anzeichen deuten auf die Anwesenheit von Elementargeistern und Pflanzendevas hin. Dazu gehören:

✢ Intensive Emotionen – wenn man sich von der Natur angenommen fühlt und ein Gefühl von Zuneigung und Geborgenheit auftritt; wenn plötzlich eine ungewöhnliche Freude und Heiterkeit oder aber Gelöstheit spürbar wird.

✢ Auch negative Emotionen sind möglich, beispielsweise eine plötzlich auftretende Angst, durch den Wald zu gehen, im dunklen See zu schwimmen usw.

✢ Auffällige Körperempfindungen: eine Gänsehaut; ein Kribbeln auf der Haut; das Gefühl, dass einem ein Schauer über den Rücken läuft; ungewöhnliche Temperaturempfindungen: wenn es einen plötzlich fröstelt oder wenn einem scheinbar grundlos warm wird.

✢ Veränderungen des Zeitgefühls: wenn die Zeit still zu stehen scheint oder man das Gefühl hat, nur kurz in der Natur gewesen zu sein, obwohl es in Wirklichkeit sehr lange gedauert hat.

✦ Scheue Waldtiere, die sich nähern (Naturgeister können in Tiergestalt auftreten).

✦ Das Gefühl einer »Anwesenheit« von etwas, das nicht eingeordnet werden kann.

Einstimmung

Es gibt schöne Möglichkeiten, um sein Bewusstsein auf diese Erfahrungen vorzubereiten. Die folgenden Anregungen helfen Ihnen dabei, Ihre Sensibilität auf einfache Weise zu entwickeln und sich für die Realität der Naturgeister zu öffnen.

Märchen lesen

Es gibt viele bezaubernde Märchen, Sagen und Fabeln, die Sie mit den Geistern der Natur vertrauter machen können. Erzählungen, in denen Feen, Elfen, Zwerge, Nymphen, Wassermänner und Nixen auftauchen, trainieren Ihren »Siebten Sinn«. Ihre Vorstellungskraft wird auf diese Weise ganz von selbst angeregt. Lesen Sie einfach alles zum Thema Naturgeister, was Sie in die Hände bekommen. Sie können sich mit der griechischen und keltischen Mythologie beschäftigen. Oder Sie lesen Märchen aus Deutschland, England, Finnland, Frankreich und Schweden. Auch Märchen aus entfernten Kulturen handeln oft von Feen und Elfen, beispielsweise indische, russische, arabische oder chinesische Märchen.

Phantastische Welten

Scheuen Sie sich nicht, einmal einen Blick in die Kinderbuchabteilung zu werfen. Auch im Fantasy-Bereich gibt es oft Brauchbares. Ganz gleich, ob Sie lieber Märchen der Brüder Grimm, Tolkiens »Der Herr der Ringe«, Romane von Marion Zimmer Bradley, »Ein Sommernachtstraum« von William Shakespeare, »Flötentraum« von Hermann Hesse oder »Hyazinth und Rosenblüte« von Novalis lesen. Hauptsache, Sie beschäftigen sich mit »geist-reicher« Literatur.

Um Erdgeister geht es beispielsweise in »Rumpelstilzchen«, »Rübezahl«, »Schneeweißchen und Rosenrot« oder »Ein Sommernachtstraum«. Von den Geistern des Wasserelements handeln »Odysseus und die Sirenen«, »Die kleine Seejungfrau«, »Von dem Fischer und seiner Frau« oder »Das Wasser des Lebens«. Luftgeister, die oft als magische Vögel verkleidet auftreten, finden Sie in »Die Geschichte von Perseus«, »Das Gänsemädchen«, »Die alte Frau im Wald« oder »Die sieben Raben«. Und um Feuergeister bzw. um das Thema

> *Die Fabel ist der Liebe Heimatwelt,*
> *gern wohnt sie unter Feen, Talisma-*
> *nen, glaubt gern an Götter, weil sie*
> *göttlich ist.*
> FRIEDRICH VON SCHILLER
> (1759–1805)

Transformation geht es beispielsweise in »Der heilige Georg und der Drache«, »Die Schöne und das Biest« oder »Prometheus«.

Die Imaginationskraft stärken

Trainieren Sie Ihre Phantasie, indem Sie sich beim Lesen vorstellen, wie die Feen, Nixen, Gnome, Nymphen usw. aussehen könnten. Machen Sie sich ein Bild. Geben Sie den Gestalten aus Märchen, Sagen und der Mythologie ein konkretes Aussehen, indem Sie sich entsprechende Farben und Formen vorstellen. Auf diese Weise aktivieren Sie Ihre rechte, intuitive Gehirnhälfte, durch die Engel und Feen sehr viel besser wahrgenommen werden können als über die linke, logisch-analytische Hemisphäre des Gehirns.

Kreativität entwickeln

Jeder Mensch ist von Natur aus kreativ, allerdings entwickeln viele ihr kreatives Potenzial kaum. Kreativität zieht Feen und Elfen an.

Die Kreativität hilft Ihnen außerdem, Ihren Blick für die unsichtbaren Welten zu schärfen. Tun Sie, was immer Ihnen einfällt, um Ihre kreative Lust

Am Übergang vom Tag zur Nacht öffnen wir uns für die Zeichen der unsichtbaren Welt. Wir fühlen, dass es Zwischenreiche voller Wunder gibt.

auszuleben. Malen, zeichnen oder fotografieren Sie, oder arbeiten Sie mit Ton oder Holz. Sammeln Sie Blüten, Blätter, Kastanien und Zweige, und basteln Sie daraus, was Ihnen gerade einfällt. Je spontaner und »unüberlegter« Sie dabei vorgehen, desto besser!

Die Wirkung der Musik

Musik zieht viele Geister der Natur magisch an. Dabei ist es aber überhaupt nicht nötig, ein Instrument spielen oder besonders perfekte Klänge erzeugen zu können. Nehmen Sie

In jeder schönen Blüte wohnt eine Fee. Nähern Sie sich geduldig und mit allen Sinnen diesen zarten Wesen.

einfach irgendein Musikinstrument in die Hand, und experimentieren Sie nach Lust und Laune damit. Spielen Sie einzelne Töne, Akkorde oder Melodien, was Ihnen gerade einfällt, seien Sie mit dem ganzen Herzen dabei. Haben Sie Mut, wieder wie ein Kind zu werden. Singen Sie einfach ein Lied, oder pfeifen Sie, wenn Sie durch die Wiesen wandern. Sie können sich auch einen kleinen Gong oder Klangschalen kaufen und damit wunderbare obertonreiche Klänge erzeugen. Diese Klanginstrumente können Sie auch mit in die Natur nehmen. Lassen Sie sie dort ertönen, und laden Sie die Waldfeen zu Ihrem Konzert ein. Sie werden bald ihre Gegenwart spüren.

Feen in den Garten einladen

In unberührter Natur sind Feen und Elfen besonders aktiv. Wenn möglich, sollten Sie daher immer wieder einmal einen Tag oder einige Stunden im Wald oder in den Bergen verbringen. Sie können Feen und Elfen aber auch in Ihren eigenen Garten locken. Ich kenne einige Menschen, deren Liebe zu Pflanzen so groß ist, dass sie mitten in der Großstadt, in einem kleinen Stück Garten oder Schrebergarten ganze Feenfamilien angelockt haben.

Liebe zu Pflanzen lockt Elfen an

Es kommt weniger auf die Umstände als auf Ihre Ausrichtung an, um Elfen zu begegnen. Je mehr Sie sich mit Pflanzen beschäftigen, desto größer ist die Wahrscheinlichkeit, dass Sie »ein großes Herz« für diese zarten Lebewesen entwickeln. Es ist nicht schwer, Blumen oder Kräuter im eigenen Garten oder auf dem Balkon anzupflanzen – dazu muss man kein Gärtner sein. Wenn Sie sehr wenig Erfahrung mit Pflanzen haben, können Sie sich ein einfaches Gartenbuch kaufen. Mit ein paar Tipps zu Samen, Gießen, Düngen usw. werden Sie schnell wissen, wie man Pflänzchen im Garten pflanzt und sie dort am Leben hält. Wichtiger jedoch ist, dass Sie den Weisungen Ihrer Feen folgen. Ob Sie Samen säen, Beete anlegen, Unkraut jäten oder Ihre Pflanzen gießen: Laden Sie die Blumenfeen ein, Ihnen zu helfen. Die Findhorn-Gemeinschaft (siehe Seite 22) hat bewiesen, dass Pflanzen selbst auf kargem Boden üppig gedeihen, wenn man sich für die Botschaften der Pflanzendevas öffnet. Tun Sie vor allem nicht zu viel des Guten! Lassen Sie Ihren Pflanzen möglichst viel Raum, sich frei zu entfalten. Greifen Sie nur pflegend ein, und haben Sie den Mut, die Pflanzen »wild« wachsen zu lassen. Verzichten Sie unbedingt auf Kunstdün-

Wo die Natur üppig wuchern darf, siedeln sich Blumenfeen an. Die Pflanzen danken ihnen mit prächtigem Gedeihen.

ger oder aggressive Insektengifte! Hören Sie stattdessen auf Ihre innere Stimme, über die die Feen zu Ihnen Kontakt aufnehmen werden.

Mit Feen sprechen

Natürlich können Sie auch selbst mit den Feen und Elfen reden. Benutzen Sie dazu Ihre eigenen Worte. Beispielsweise können Sie ganz einfach sagen: »Liebe Feen der Tulpen, Anemonen und Rosen, ich lade euch in meinen Garten ein. Möget ihr hier einen Platz finden, um eure Kräfte wirken zu lassen.«
Natürlich können Sie auch mit jeder anderen Formulierung oder ganz ohne Worte sprechen. Indem Sie sich in meditativer Haltung um Ihren Garten kümmern, entspannt und achtsam sind, geben Sie den Lichtwesen der Pflanzen Gelegenheit, sich Ihnen mitzuteilen. Vergessen Sie nicht, sich bei den Feen und Elfen zu bedanken, wenn Ihre Blumen, Kräuter oder Obstbäume schön gedeihen, denn es kostet die Naturgeister immer auch Energie, Pflanzen wachsen zu lassen.

Naturmeditationen

Vielleicht haben Sie bereits Kontakte zu Naturgeistern. Die meisten Menschen spüren, dass die Natur von Leben und Energie durchdrungen ist. Jeder von uns hat schon Naturerlebnisse gehabt, die ihn mit Freude und Glück erfüllt haben.

Im Wachstum der Pflanzen, in den Tag-Nacht-Rhythmen oder im Wechsel der Jahreszeiten können wir die Lebendigkeit der Natur erfassen. Und wenn wir noch genauer hinsehen, können wir das verborgene Wirken der Naturgeister darin erkennen. Feen- und Elfenmeditationen dienen vor allem dazu, die Kontakte mit der Natur, die ohnehin stattfinden, bewusster zu machen und inniger zu gestalten.

Naturgeister entdecken

Wenn Sie im Wald spazieren gehen, sollten Sie das nicht so tun, wie es die meisten Menschen tun. Sicher ist es immer gut, an die frische Luft zu kommen – doch um etwas von dem Zauber zu spüren, der von Feen und Elfen ausstrahlt, sollten Sie ein meditatives Bewusstsein einnehmen. Feen und Elfen sind nicht überall in der Natur gleichermaßen »verteilt«.

Die Indianer wussten, dass alle Naturerscheinungen, die dem wachen Betrachter ins Auge fallen, mit großer Wahrscheinlichkeit von Geistern durchdrungen sind.

Alles, was sich von seiner Umgebung abhebt, verdient unsere geschärfte Aufmerksamkeit. Sonne und Mond gehören als besonders auffallende Himmelskörper dazu.

Wir sollten unser Augenmerk aber auch auf besonders hohe Berggipfel, mächtige Felsen, bizarr geformte oder allein stehende Bäume richten. Auch Sterne, die sehr hell leuchten, Wolken, die eine außergewöhnliche Form haben, oder Blumen, die sich auf magische Weise von anderen abheben, sollten Sie sich einmal genauer ansehen ...

Um Naturgeister »sehen« zu können, müssen Sie eine »hellsichtige Perspektive« einnehmen. Die Welt des Übersinnlichen können Sie nur erfassen, wenn Sie Ihre Wahrnehmung schulen und verbessern. Dadurch werden feinstoffliche Phänomene hör- und sichtbar.

Zeit ist der wichtigste Faktor, um die Sinne zu verfeinern. Es genügt nicht, mal schnell den Duft einer Blüte aufzunehmen oder kurz einen Baum anzusehen – man muss auch eine Weile bei diesem Sinneseindruck bleiben.

Achten Sie zunächst auf normale und dann zunehmend auf ungewöhnliche Wahrnehmungen. Versuchen Sie, hinter die Erscheinung zu schauen und einen Blick für die Transzendenz zu entwickeln.

VORBEREITUNG

❁ Befreien Sie Ihren Kopf von alltäglichen Sorgen und Grübeleien.

❁ Verlassen Sie die Welt Ihrer Gedanken, und konzentrieren Sie sich auf Ihre Empfindungen.

❁ Spüren Sie Ihren Körper, ganz gleich ob Sie einen Waldweg entlanggehen, unter einem Baum stehen oder sich auf eine Wiese legen.

❁ Öffnen Sie Ihre Sinne: Riechen Sie an Blumen oder Kräutern, atmen Sie den Duft tief ein. Genießen Sie. Lauschen Sie den Klängen, die Sie umgeben: Hören Sie bewusst auf Vogelgezwitscher, Rascheln im Unterholz oder das Knarren der Bäume im Wind. Schauen Sie mit wachen Augen in die Natur: Betrachten Sie Landschaften, Blumen, Bäume oder den Himmel ganz genau. Nehmen Sie sich Zeit dafür.

Probieren Sie verschiedene Augenstellungen aus: Kneifen Sie die Augen etwas zusammen, ändern Sie den Fixpunkt, schauen Sie durch die Pflanze hindurch, oder entwickeln Sie einen vollkommen entspannten, offenen Blick. Vielleicht können Sie bald ungewöhnliche Dinge sehen – etwa Gesichter in Bäumen, Steinen und Blumen. Vielleicht bemerken Sie aber auch eine »Ausstrahlung«, ein Licht oder eine bestimmte Farbe, von der die Pflanzen umgeben sind. Haben Sie Geduld, wenn es nicht gleich klappt. Vielen Menschen fällt es leichter, Feen zu spüren als sie zu

Je unberührter ein Stück Natur ist, umso heimischer fühlen sich hier die Naturgeister, denn dort können sie ihre Kraft ungestört entfalten.

FEEN UND ELFEN HÄUFIGER BLUMEN, STRÄUCHER UND BÄUME

Ahorn-Elfen	schenken Vertrauen in die Kraft der Erde, stärken die Verbindung zum eigenen Körper.
Birken-Elfen	senden heilende, harmonisierende Energien, die vor allem bei körperlichen Erkrankungen helfen.
Buchen-Elfen	erleichtern es, sich abzugrenzen, und stärken das gesunde Ich.
Eichen-Elfen	fördern die Entwicklung der Willenskraft und helfen, sich seiner wahren Ziele bewusst zu werden.
Eisenkraut-Elfen	befreien aus einengenden Gedankenmustern und unnötiger Grübelei.
Flieder-Feen	vertiefen die Meditation, lassen das Denken still werden.
Gänseblümchen-Feen	wecken die Kreativität und verbessern die Möglichkeiten, sich künstlerisch auszudrücken.
Heckenrosen-Feen	aktivieren die Lebensfreude.
Heidekraut-Elfen	helfen Schüchternen, machen Mut, sich auszudrücken und zu seiner Meinung zu stehen.
Iris-Feen	stärken die Verbindung zu anderen Menschen und erleichtern die Kommunikation.
Jasmin-Feen	intensivieren die Träume und öffnen das Bewusstsein für intuitive Botschaften.
Linden-Elfen	wecken den Sinn für die Schönheit des Lebens und helfen, Verluste zu überwinden.
Narzissen-Feen	bringen Klarheit in die Gedanken und lösen Situationen, in denen Chaos und Verwirrung herrschen.
Odermennig-Elfen	befreien von Abhängigkeiten und ermöglichen es, Suchtverhalten in den Griff zu bekommen.
Rosen-Feen	wecken Gefühle der Zärtlichkeit und Zuneigung.
Kastanien-Elfen	bekämpfen Ängste und Schlaflosigkeit.
Stechpalmen-Elfen	befreien von Eifersucht, Neid und Misstrauen.
Tannen-Elfen	fördern das innere Wachstum und unterstützen dabei, seinen eigenen Weg zu finden.
Ulmen-Elfen	helfen gegen depressive Verstimmungen und bringen Licht in die Seele.
Veilchen-Feen	aktivieren die außersinnliche Wahrnehmung und die Selbsterkenntnis.
Waldreben-Elfen	stärken das »Hier-und-Jetzt-Bewusstsein« und fördern die Achtsamkeit.
Weiden-Elfen	bringen neue Farben in die Gefühle; machen Mut zu emotionalem Ausdruck und fördern die emotionale Intelligenz.
Weinreben-Feen	schenken Gelassenheit und helfen, Belastendes loszulassen.
Zedern-Elfen	lassen innere Ruhe entstehen und bringen neue Energien.
Zichorien-Feen	helfen einem, andere Menschen oder alte Muster loszulassen, wenn die Zeit dafür gekommen ist.

Jede Pflanze hat ihre Schutzgeister. Die reizenden Gänseblumenfeen stärken die künstlerischen Kräfte (Julius Hoepper, 19. Jahrhundert).

sehen. Versuchen Sie daher auch einmal zu spüren, was für eine Energie von Wolken, Flüssen, Bäumen usw. ausgeht. Es gibt viele Möglichkeiten, die Magie der Naturgeister zu erfassen. Das Wichtigste dabei ist, dass Sie sich genug Zeit nehmen und intuitiv vorgehen.

Elfen und Feen in Träumen sehen

Wenn Sie damit beginnen, sich mit Naturgeistern zu beschäftigen, sollten Sie auf Ihre Träume achten. Ebenso wie Engel erscheinen auch Feen dem Menschen gern im Traum. Feenträume spielen sich ausschließlich in der Natur ab. Wenn Sie sich selbst im Traum in außergewöhnlichen Landschaften, in Wäldern, am Meer, im Wasser eines Sees, auf Blumenwiesen oder an ähnlichen Orten sehen, könnte dies ein erstes Anzeichen sein.

Noch deutlicher wird es, wenn Sie träumen, dass Bäume oder andere Pflanzen zu Ihnen sprechen. Vielleicht träumen Sie sogar ganz konkret von Feen, Gnomen, Nixen und anderen Naturgeistern.

Versuchen Sie, sich zu erinnern, was genau Sie erlebten, welche Gefühle im Traum vorherrschten und worüber Sie mit den Wesen des Naturreichs gesprochen haben.

Manchmal wollen Feen Ihnen im Traum wichtige Botschaften übermitteln. Je interessierter Sie an solchen Träumen sind, desto besser werden Sie sich an sie erinnern. Und auch wenn Sie kein Psychologe sind – Sie werden genau spüren, was das Thema des Traumes ist ...

Zauber der Blumenfeen

Blumenfeen sind besonders zarte Wesen, die positive Energien ausstrahlen. Viele Menschen lieben es daher, Blumen in ihr Haus zu holen. Blumen spielen auch bei Ritualen eine Rolle – sie stehen in Tempeln, in Meditations- oder Séanceräumen, sie werden Geburtstagskindern geschenkt oder Kranken mitgebracht, um die Atmosphäre aufzuhellen.

Blumen – Wohnungen der Feen

Über Formen, Farben und Düfte wirken Pflanzendevas auf die menschliche Seele. Jede Pflanze hat ihre eigene Persönlichkeit und spezifische Heilwirkungen. Die Pflanzenheilkunde konzentriert sich vor allem auf die Inhaltsstoffe der Pflanzen und deren Heilwirkungen. So wissen wir beispielsweise, dass Kamille gegen Entzündungen und Salbei gegen Halsschmerzen helfen.

Mit Bäumen und Blumen sprechen, ihnen liebevoll Gefühle senden, unterstützt die Aufgaben der Naturgeister, die in ihnen leben.

Sensitiv begabte Menschen können auch seelische Wirkungen bestimmter Pflanzen erspüren, die mit der Aktivität der Pflanzendevas zusammenhängen. Einer dieser Sensitiven war Dr. Edward Bach, Begründer der Bachblüten-Therapie, doch es gibt noch viele andere Beispiele. Im Grunde hat jeder Mensch die Fähigkeit, die Wirkungen bestimmter Pflanzen und ihrer Feen wahrzunehmen, doch nur wenige nehmen sich Zeit dafür. Die Wirkungen der Feen- und Elfenenergien auf den Menschen sind sehr vielfältig. Die Tabelle auf Seite 43 gibt Ihnen Anhaltspunkte. Um die harmonisierenden Wirkungen der Baum- und Blumengeister zu erfahren, müssen Sie weder die Pflanzen noch Teile davon zu sich nehmen. Die seelisch-geistigen Wirkungen sind zu fein, als dass sie durch Substanzen übertragen werden könnten. Vielmehr geht es darum, den Baum zu finden oder die Blume zu erkennen, die dabei helfen können, Probleme zu lösen, und dann über diese Pflanze und ihre Lichtwesen zu meditieren. Tipps für die Meditation finden Sie unter »Naturgeister entdecken« (Seite 42).

Mit Bäumen sprechen

Für gewöhnlich werden Menschen, die mit der Natur sprechen, als verrückt angesehen. Lassen Sie sich davon nicht beeindrucken. Warum sollten Sie nicht mit der Natur, warum nicht mit Feen und Elfen sprechen? Wenn Sie kommunizieren wollen, benutzen Sie sonst ja auch Ihre Sprache.

So wie Bäume, Flüsse und Wolken zu Ihnen sprechen können, vermögen Sie auch zu ihnen zu sprechen. Sie können das ohne Worte tun, indem Sie ein liebevolles Gefühl von Ihrem Herzen ausstrahlen lassen. Aber genauso gut können Sie auch mit Worten sprechen, ganz gleich ob Sie diese Worte nur denken oder sie tatsächlich aussprechen.

Wenn Sie mit Pflanzen- oder Elementargeistern in Kontakt treten, sollten Sie allerdings eine sehr einfache Sprache verwenden. Benutzen Sie das Vokabular eines Kindes. Sie können sich mit Bitten an Naturgeister wenden, können ihnen für ihre Arbeit danken oder sie einfach nur wissen lassen, dass Sie sie in Ihr Herz aufnehmen wollen.

Der Natur beistehen

Durch das folgende Ritual können Sie den Lichtwesen der Natur sehr nahe kommen. Es geht dabei darum, der Natur heilende Kräfte zu schicken. Obwohl die Naturgeister über enorme Energien verfügen und meist ganz gut allein zurechtkommen, hilft es ihnen doch, wenn sie spüren, dass einige Menschen ihnen helfen und sie unterstützen wollen, anstatt gegen sie zu arbeiten.

Führen Sie das Ritual möglichst in der warmen Jahreszeit durch. Packen Sie eine Decke ein, und begeben Sie sich am frühen Morgen in die Natur, und zwar am besten noch vor Sonnenaufgang. Wählen Sie einen energiereichen Ort, an dem Sie ungestört sind. Günstig ist eine hoch gelegene Wiese, auf der ein großer Baum steht, aber auch der Waldrand oder eine Waldlichtung.

Breiten Sie Ihre Decke aus. Ziehen Sie Ihre Schuhe aus, setzen Sie sich auf die Decke, und entspannen Sie Ihren Geist. Lassen Sie alle Gedanken los, spüren Sie die Verbindung zur Natur, und achten Sie auf die Sinneseindrücke von außen.

Sobald Sie innerlich ruhig geworden sind, denken Sie kurz an den Schaden, den die Menschen der Natur täglich durch ihre Unbewusstheit zufügen. Steigern Sie sich jedoch nicht in diese Gedanken hinein – erkennen Sie nur, dass der Mensch die Verantwortung für die Zerstörung der Umwelt trägt. Entwickeln Sie Mitgefühl für das Leiden der Natur.

Meditation
zur Heilung der Natur

Schließen Sie die Augen, legen Sie eine Handfläche auf Ihr Herz, die andere auf Ihren Bauchnabel. Atmen Sie langsam und tief. Sie fühlen mit der Natur und schenken ihr heilende Energie.

Lassen Sie die Augen geschlossen, und konzentrieren Sie sich:

AUF DIE ERDE: Spüren Sie, wie die Erde Sie trägt. Nehmen Sie Verbindung nach unten auf. Danken Sie den Geistern der Erde, und schicken Sie der Erde Kraft. Mit jedem Ausatmen lassen Sie Energie aus Ihrem Körper in die Erde strömen. Bleiben Sie einige Minuten bei dieser Vorstellung.

AUF DEN HIMMEL: Sitzen Sie möglichst aufrecht, und spüren Sie, dass Sie nicht nur mit der Erde, sondern auch mit dem Himmel verbunden sind. Machen Sie sich bewusst, dass sich der Himmel über Ihnen endlos ausdehnt. Lassen Sie mit jedem Ausatmen etwas Energie nach oben in den Himmel strömen, und verbinden Sie dies mit liebevollen Gedanken.

AUF DIE UMGEBUNG: Stellen Sie sich mit geschlossenen Augen die Landschaft vor, in der Sie sitzen. Halten Sie die Augen geschlossen. Senden Sie den Elfen und Feen dieser Landschaft Ihre Zuneigung. Mit jedem Ausatmen strömt Energie über Ihre Körpergrenzen hinaus, wie ein Licht. Senden Sie dadurch Kraft in die Natur, die Sie umgibt.

Beenden Sie das Ritual, indem Sie sich wieder auf sich selbst konzentrieren. Spüren Sie noch einmal den Atem und Ihren Körper. Öffnen Sie die Augen. Wie fühlen Sie sich jetzt?
Können Sie spüren, dass Ihre Meditation Feen und Elfen angezogen hat? Haben Sie etwas Außergewöhnliches bemerkt? Haben sich Ihre Gedanken und Gefühle verändert?

Die Macht der vier Elemente

Die Elementargeister sind die mächtigsten und kraftvollsten Geister der Natur. Ohne die Energie der vier Elemente könnten wir nicht überleben. Wir brauchen die Nahrung der Erde, das von ihr gespendete Wasser, die Wärme und das Licht der Sonne und die Luft zum Atmen.

Die Elementargeist-Meditationen helfen uns, uns unseres natürlichen Ursprungs bewusst zu werden. Die Geister von Erde, Wasser, Feuer und Luft können Schutzfunktionen ausüben. Sie unterstützen unsere Entwicklung und gleichen Disharmonien aus. Das Muster für Elementargeist-Meditationen ist sehr einfach:

➤ Nähern Sie sich dem Element Ihrer Wahl, und lassen Sie Ruhe in Ihrem Geist entstehen.

➤ Werden Sie sich der Qualitäten der Elementargeister bewusst.

➤ Bitten Sie die Elementargeister, positive Veränderungen in Ihrem Bewusstsein vorzunehmen und Harmonie und Ausgleich zu schaffen.

Die Kraft der Erde wird in der Erdgeist-Meditation spürbar. Dir Erde schenkt Geborgenheit, Festigkeit und Lebensfreude.

Kontakt zum Element Erde

Die Erdgeister verbinden Sie mit der unendlichen Kraft der Erde. Sie aktivieren Weiblichkeit, Geborgenheit, Stabilität, Festigkeit und Vertrauen. Erdgeister leben in der Erde, in den

EINEN ERDGEIST RUFEN

Führen Sie eine Erdgeist-Meditation aus, wenn Sie …

✳ … Ihr Körperbewusstsein verbessern wollen.

✳ … den Boden unter den Füßen verloren haben.

✳ … zu wenig Vertrauen haben, sich nicht geborgen fühlen.

✳ … Ihre Mitte schnell verlieren oder leicht aus der Ruhe kommen.

✳ … Probleme mit Zähnen, Knochen, Gelenken oder dem Bindegewebe haben.

✳ … zu weich sind.

Bergen, in Höhlen oder in der Nähe von Felsen. Sie lieben die Kälte und sind im Winter besonders aktiv. Für eine Erdgeist-Meditation sollten Sie unmittelbar auf der Erde sitzen oder barfuß im Gras oder auf Felsen etc. stehen. Wichtig ist, dass Sie den Boden direkt berühren: Nehmen Sie Kontakt über Ihre Fußsohlen oder die Handflächen auf, oder legen Sie sich flach auf den Boden, sofern es warm genug ist.

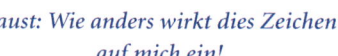

Faust: Wie anders wirkt dies Zeichen auf mich ein!
Du, Geist der Erde, bist mir näher;
Schon fühl ich meine Kräfte höher,
Schon glüh ich wie von neuem Wein,
Ich fühle Mut, mich in die Welt zu wagen,
Der Erde Weh, der Erde Glück zu tragen.
JOHANN WOLFGANG VON GOETHE (1749–1832)
aus: »Faust I«

Medita

Lassen Sie Ihre Gedanken zur Ruhe kommen. Spüren Sie die Erde, die Sie trägt. Nehmen Sie sie mit allen Sinnen wahr – was sehen Sie, was hören Sie? Schließen Sie die Augen, und bitten Sie die Lichtwesen der Erde, Ihnen Stabilität und Vertrauen zu schenken. Stellen Sie sich einen Energiestrom vor, der aus der Erde in Ihren Körper fließt, und lassen Sie die heilenden Erdkräfte wirken.

Bleiben Sie einige Minuten bei dieser Übung. Können Sie die Anwesenheit der Erdgeister spüren? Empfangen Sie Botschaften, fühlen Sie etwas Außergewöhnliches? Tauchen Farben, Gestalten oder Gesichter vor Ihrem inneren Auge auf?

Beenden Sie die Übung, indem Sie Ihren Körper noch einmal bewusst spüren. Atmen Sie tief durch, und wenden Sie sich wieder der Außenwelt zu. Achten Sie darauf, ob sich etwas in Ihnen verändert hat.

tion über die Geister der Erde

Die Wassergeist-Meditation

Wassergeister repräsentieren Flexibilität, Nachgiebigkeit und Lebendigkeit. Sie stellen die Verbindung mit der Gefühlsebene her und wirken reinigend und klärend. Wasser symbolisiert weibliche, sensitive und intuitive Aspekte. Wassergeister leben in natürlichen Gewässern. Man findet Sie in Flüssen, Bächen, Seen und Teichen und im Meer. Menschliche Eingriffe vertreiben sie. Sie lieben den Nebel, den Regen und den Morgentau und sind im Frühling besonders aktiv. Wassergeist-Meditationen führen Sie am Ufer eines Sees oder Flusses, am Strand, an einer Quelle oder einem Teich durch. Wenn es warm genug ist, können Sie auch direkten Kontakt zum Wasser aufnehmen, indem Sie mit den Füßen oder dem ganzen Körper ins Wasser eintauchen.

Wassergeister können Sie auch einladen, indem Sie sich an ein Seeufer setzen und einige Blüten auf die Wasseroberfläche streuen. Sie sollten nicht ungeduldig werden, wenn Sie nicht sofort etwas spüren. Bald werden Sie Kontakt finden.

WINTERNACHT
Nicht ein Flügelschlag ging durch die Welt,
Still und blendend lag der weiße Schnee.
Nicht ein Wölklein ging am Sternenzelt,
keine Welle schlug im starren See.
Aus der Tiefe stieg der Seebaum auf,
bis sein Wipfel in dem Eis gefror;
an den Ästen klomm die Nix herauf,
Schaute durch das grüne Eis empor.
Auf dem dünnen Glase stand sie da,
das die schwarze Tiefe von mir schied;
dicht ich unter meinen Füßen sah
ihre weiße Schönheit Glied um Glied.
Mit ersticktem Jammer tastet Sie
an der harten Decke her und hin,
ich vergess das dunkle Anlitz nie,
immer, immer liegt es mir im Sinn.

GOTTFRIED KELLER (1819–1890)

Kontakt mit den Wassergeistern

Kommen Sie innerlich zur Ruhe, und verbinden Sie sich mit der Energie der Wassergeister. Betrachten Sie die Farben des Gewässers; sehen Sie ein Glitzern oder Flimmern auf der Wasseroberfläche? Lauschen Sie dem Klang des fließenden Wassers, dem Rauschen der Wellen, oder achten Sie einfach auf alle Geräusche, die Sie umgeben. Berühren Sie das Wasser, und atmen Sie seinen Duft ein.

Das Element Wasser wirkt reinigend und klärend. Es steht für Vitalität und Flexibilität.

Medita

Schließen Sie die Augen, und bitten Sie die Feen und Elfen des Wassers, positive Veränderungen in Ihrem Bewusstsein zu bewirken. Spüren Sie, wie die reinigenden Energien der Wassergeister in Sie einströmen. Lassen Sie es zu, dass diese Energien Sie mit Ihrer Intuition verbinden und Ihre Sensitivität wecken.

Bleiben Sie einige Minuten bei dieser Übung. Spüren Sie die Atmosphäre der Wassergeister? Tauchen Stimmen, Gesichter, Gestalten oder Farben in Ihnen auf? Können Sie Botschaften aus der unsichtbaren Welt empfangen?

Um die Übung zu beenden, konzentrieren Sie sich noch einmal kurz auf Ihren Körper und atmen dann einige Male tief durch, bevor Sie sich Ihrer Umwelt wieder zuwenden.
Hat die Meditation etwas verändert? Fühlen Sie sich anders als zu Beginn der Übung?

tion über die Geister des Wassers

Kontakt zum Element Luft

Luftgeister gehören zu den Elementargeistern, die am wenigsten fassbar sind. Sie schweben zwischen Himmel und Erde, sie sind im Wind und in den Wolken anzutreffen, und am mächtigsten wirken sie im Sturm. Sie sprengen alle Beschränkungen auf und sind nur schwer zu bändigen.

LEICHTIGKEIT DES SEINS

Luftgeist-Meditationen sind hilfreich, wenn…

* … Sie sich in Ihrem Leben eingeengt fühlen, sei es durch äußere Umstände oder innere Muster.
* … es Ihnen an Leichtigkeit fehlt und Sie vieles zu ernst nehmen.
* … Sie beruflich auf neue, kreative Ideen angewiesen sind und es Ihnen oft an Inspiration fehlt.
* … Sie Ihre Lebensenergie anregen und Ihr Bewusstsein erweitern wollen.
* … Ihre Atmung behindert ist und Sie an Asthma oder Lungenerkrankungen leiden.

Rein und klar ist die Atmosphäre, in der sich die Luftgeister bewegen. Sie schenken Leichtigkeit, Inspiration und bringen »frischen Wind« ins Leben.

Luftgeister verbinden Sie mit der Kraft der Freiheit. Sie machen den Geist weit und schenken Leichtigkeit. Die Mächte der Luft repräsen-

 ———————

CHOR DER WINDE
*Zerreißet, zersprenget, zertrümmert
die Gruft,
Die unserem Wüten Grenzen gibt!
Durchbrechet die Luft,
Dass selber die Sonne zur Finsternis
werde,
Durchschneidet die Fluten,
durchwühlet die Erde,
Dass sich der Himmel selbst betrübt!*

JOHANN SEBASTIAN BACH
(1685 – 1750)
aus: »Der Zufriedengestellte Äolus«,
Dramma per musica

 ———————

tieren aber auch die Gedankenwelt, sie lassen neue Ideen entstehen und aktivieren die Inspirationskraft.

Wo Sie Luftgeister finden

Um die Geister der Luft anzutreffen, müssen Sie einen Ort finden, an dem die Luft noch rein und energiegeladen ist, was in unserer von Abgasen geschwängerten Atmosphäre nicht ganz einfach ist. In den Bergen und am Meer sind die Voraussetzungen gut, ebenso dort, wo viele Pflanzen wachsen, wie z. B. im Wald. Die Feen und Elfen der Luft sind im Herbst besonders aktiv und lieben den Wind. Führen Sie die Meditation daher möglichst an windigen, ja stürmischen Tagen durch. Suchen Sie einen ruhigen Ort, an dem Sie ungestört sind, breiten Sie Ihre Decke aus, und nehmen Sie Kontakt zu den Geistern der Luft auf. Lassen Sie alle Alltagsgedanken los, und öffnen Sie Ihre Sinne. Hören Sie, was das Rauschen des Windes Ihnen sagen will. Schauen Sie in den Himmel, beobachten Sie die Wolken, und spüren Sie die Luft an Ihrer Haut.

Medita

Sprechen Sie auf Ihre eigene Weise mit den Feen der Lüfte. Bitten Sie sie, Ihnen neue Energie und Inspiration zu spenden, Ihren Geist weit und Ihre Gedanken frei zu machen.

Konzentrieren Sie sich einige Minuten auf Ihren Atem. Über den Atem nehmen Sie die Energie des Luftelements in sich auf. Lassen Sie mit jedem Ausatmen Belastendes los, und nehmen Sie mit dem Einatmen frische, neue Kräfte auf.

Nehmen Sie Botschaften wahr? Erkennen Sie Gestalten oder Gesichter in den Wolken? Fallen Ihnen außergewöhnliche Dinge auf? Hören Sie beispielsweise besondere Klänge, sehen Sie eigenartige Wolkenformen? Feen drücken sich oft über Gefühle aus. Achten Sie daher vor allem darauf, ob Ihre Gefühle sich verändern.

Beenden Sie die Meditation, indem Sie Ihren Körper noch einmal spüren. Strecken Sie sich, und wenden Sie sich wieder der Außenwelt zu.

tion über die Geister der Luft

Kontakt zum Element Feuer

Die Energie der Feuergeister schenkt Wärme, Licht und Vitalität. Feuerfeen können Transformationsprozesse einleiten und eine gründliche Reinigung hervorrufen. Darüber hinaus verbinden sie uns mit der Kraft der Leidenschaft und Begeisterung. Führen Sie Feuergeist-Meditationen nicht zu häufig durch, denn es werden dabei große Energien freigesetzt.

REINIGENDES FEUER

Die Macht des Feuers können Sie besonders gut nutzen, wenn …

* … Sie das Gefühl haben, eine innere Reinigung zu brauchen.
* … Ihr Lebensfeuer erloschen ist und es Ihnen an Lebenslust und Begeisterung mangelt.
* … Ihnen das Licht in Ihrem Leben fehlt und Sie zu depressiven Verstimmungen neigen.
* … Sie Ihre sexuelle Energie und ihre Leidenschaft steigern wollen.
* … Sie oft kalte Hände und Füße haben, an Durchblutungsstörungen oder an Verdauungsproblemen leiden.

Wo Sie Feuergeister finden

Für Feuergeist-Meditationen eignet sich ein Feuer im offenen Kamin ebenso gut wie ein Lagerfeuer in der freien Natur. Achten Sie immer darauf, dass Sie nur an erlaubten Plätzen ein Feuer entfachen und keine Brandgefahr verursachen. Wenn Sie lieber vor einem sanfteren Feuer meditieren, können Sie aber auch eine Fackel oder einige Kerzen anzünden. Feuergeister sind in Vulkangebieten besonders aktiv. Sie lieben den Sommer und drücken sich auch über die Energie der Sonne aus.

Begegnung mit Feuergeistern

Um Kontakt mit den Geistern des Feuers aufzunehmen, setzen Sie sich an einem ruhigen Ort in die Sonne

DER SONNENUNTERGANG VON AMARNA

Du erscheinst so schön im Lichtorte des Himmels, du lebendige Sonne, die zuerst zu leben anfing. Du bist aufgeleuchtet im östlichen Lichtorte und hast alle Lande mit deiner Schönheit erfüllt. Du bist schön und groß, glänzend und hoch über allen Landen. Deine Strahlen umfassen die Länder, bis zum Ende dessen, was du geschaffen hast; du bist die Sonne und dringst eben deshalb bis an ihr äußerstes Ende.

14. Jahrhundert v. Chr.

oder an ein offenes Feuer. Denken Sie daran, dass die Energien der Feuergeister sehr intensiv sind. Bleiben Sie deshalb nie zu lange in der Sonne, und beachten Sie beim Umgang mit Feuer alle üblichen Sicherheitsmaßnahmen, sonst könnte es sein, dass Sie unerwünschte Bekanntschaft mit der Gewalt der Feuergeister machen.

Das Element Feuer wird mit vielen positiven Energien assoziiert – es reinigt, weckt Begeisterung und Lebenslust und wirkt gegen Depressionen.

Medita

Lassen Sie Ihre Gedanken zur Ruhe kommen, atmen Sie tief und entspannt, und beobachten Sie die Flammen. Mit der Zeit können Sie vielleicht bestimmte Formen, Farben oder sogar Gesichter darin erkennen. Konzentrieren Sie sich auf die Wärme, lauschen Sie dem Krachen der Holzscheite und nehmen das wohltuende Licht in sich auf.

Bitten Sie die Feuergeister, Ihre Seele mit Licht, Wärme und neuer Begeisterung zu füllen. Lassen Sie es zu, dass die Geister des Feuers heilsame Veränderungen in Ihrem Bewusstsein vornehmen. Feuergeister können Sie schnell in einen Trancezustand versetzen. Achten Sie darauf, ob Sie innerlich Stimmen hören oder Gestalten und Gesichter sehen und ergründen Sie den Sinn, der in außergewöhnlichen Erscheinungen verborgen sein könnte. Können Sie in einen Bewusstseinszustand eintauchen, in dem Sie Antworten auf Ihre Probleme finden? Sehen Sie neue Möglichkeiten, mit mehr Begeisterung, mit mehr Leidenschaft, Wärme und Licht zu leben?

tion über die Geister des Feuers

Engel – die lichten Boten Gottes

Die himmlischen Wesen sind in unserer Gesellschaft ein beliebtes Thema – nicht zuletzt in der Werbung. Doch was bedeutet es, sich ernsthaft mit Engeln zu beschäftigen?

Die Begegnung mit Engeln ist eine vertrauliche Sache. Nicht die Öffentlichkeit ist der Ort, wo die Verbindung mit Engeln gepflegt werden sollte, sondern das eigene Herz.

Geheimnisvolle Himmelswesen

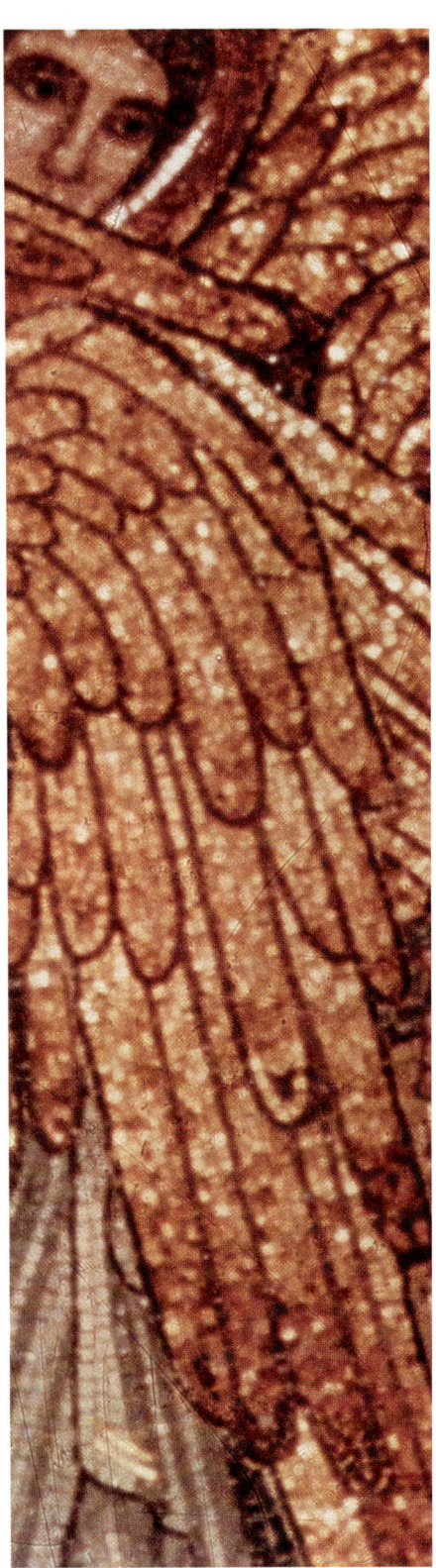

Im Gegensatz zu Naturgeistern sind Engel in unserer heutigen Gesellschaft allgegenwärtig – und das nicht nur zur Weihnachtszeit. Indes hat ihre Dauerpräsenz seltsame Züge angenommen, denn den meisten Menschen begegnen Engel nicht etwa in stiller Meditation oder im Gebet, sondern in der Werbung!

Engel gibt es überall

Wohin man schaut – von überall her blicken uns Engel und Putten an. Natürlich treffen wir sie immer noch in den klassischen Engelsgefilden – also den Kirchen, wo sie Decken, Fenster und Altäre bevölkern. Immer öfter schmücken sie aber auch Schokoladenverpackungen, Einkaufstüten und Postkarten. Autofirmen werben mit Szenen, in denen Teufelchen und Engelchen ein Rennen fahren. Und wie heißt das berühmte Parfum von Thierry Muggler? »Angel«! Die Mitarbeiter des ADAC sind zu »Gelben Engeln« aufgestiegen, und auch Telefongesellschaften werben mit geflügelten Götterboten.

Nicht ohne Grund spricht der Philosoph Thomas Macho daher von der »verblüffenden Modernität der Engel«. Erstaunlich viele Menschen, darunter nicht nur Katholiken, glauben an Engel. Tatsächlich scheint es ganz so, als ob heute sehr viele von uns eine innige, persönliche Beziehung zu den Engeln haben. Spätestens wenn vom »Schutzengel« die Rede ist, hat fast jeder bestimmte Vorstellungen von den geflügelten Wesen – kein Wunder, bringen die Schutzengel doch oft die guten Kräfte der Engel in be-

Nach Rang geordnet, bevölkern die himmlischen Heerscharen die Gefilde der Seligen (Mosaik von Edward Burne-Jones, 19. Jahrhundert).

eindruckender Weise zum Ausdruck. Wer seinen Blick über die Plastiktüten- und Weihnachtsengel erhebt, um die wirklichen Engel, die Licht-

Der Erzengel Gabriel, der Maria die Geburt Christi verkündet hat, ist einer der bedeutendsten Himmelsfürsten (Ikone, 14. Jahrhundert).

wesen der göttlichen Sphäre, aufzuspüren, wendet sich einem ungeheuren Schatz zu. Der Kontakt zu einem Engel macht den Menschen lichtvoll, füllt ihn mit Energie und verbindet ihn mit seiner göttlichen Quelle. Trost, Schutz, innere Führung, Heilung, die Erkenntnis des höheren Selbst sind Geschenke der Engel. Joseph Beuys forderte einmal, dass der Mensch »nach unten mit den Tieren« in Beziehung treten sollte. Die Geheimnisse der Naturgeister zu ergründen war Thema der vorigen Kapitel. Beuys verlangte aber auch, dass sich der Mensch ebenso »nach oben mit den Engeln« verbinden sollte. Feen helfen dem Menschen, sich seines irdischen Ursprungs bewusst zu werden und sich mit den Kräften der Natur zu verbinden. Engel lassen uns unseren göttlichen Ursprung erkennen, sie vereinen uns mit dem »Himmel«. Engel kommen von »oben« – sie wohnen im himmlischen Reich Gottes und steigen in die menschliche Bewusstseinssphäre hinab, um uns zu schützen und uns göttliche Botschaften zu schicken. Auch können sie uns inspirieren und neue Erkenntnisse ermöglichen.

Die christliche Vorstellung von der Himmelsleiter symbolisiert den Kontakt zwischen Mensch und Gott, der durch die Engel hergestellt wird. Die Bibel berichtet von Jakobs Vision dieser Leiter.

Die Leiter, die in den Himmel führt, überbrückt den Abstand zwischen der göttlichen und der menschlichen Sphäre. Aufgabe der Engel ist es, in das menschliche Bewusstsein hinein-

Da hatte er einen Traum: Er sah eine Treppe, die auf der Erde stand und bis zum Himmel reichte. Auf ihr stiegen Engel Gottes auf und nieder. Und siehe, der Herr stand oben und sprach: Ich bin der Herr, der Gott deines Vaters Abraham und der Gott Isaaks.
(Gen. 28, 12-13)

zustrahlen, verwandelnd zu wirken und den Menschen auf die Begegnung mit seinem göttlichen Wesenskern vorzubereiten.

Vom Himmel hoch

Die Bezeichnung »Engel« leitet sich aus dem griechischen »angelos« ab. »Angelos« heißt nichts anderes als »Bote«. Der Wortstamm taucht in vielen Sprachen auf, beispielsweise im englischen »angel«, im italienischen »angelo« oder im russischen »angel«. Im Hebräischen heißt der Engel »Mal'ach«, was ebenfalls Bote oder auch Abgesandter heißt. Engel werden daher oft auch als Himmelsboten oder Gottesboten bezeichnet. Die Engel sind »nicht von dieser Welt«. Sie sind überirdische Wesen,

Noch vor dem Anbeginn der Welt standen die Engel an Gottes Thron und im Paradies lebten die Menschen mit den Engeln zusammen.

die als Diener Gottes und als Vermittler zwischen Gott und den Menschen auftreten. Engel erleichtern also die Kommunikation zwischen Himmel und Erde.

Gebündelte Energie

In vielen Religionen spielen die göttlichen Boten eine wichtige Rolle – etwa im Judentum, im Christentum oder im Islam. Gott sendet uns seine Engel, um uns etwas Wichtiges mitzuteilen oder uns vor einer Gefahr zu warnen. Oft sind Engel aber auch personifizierte Kräfte, Energien der Liebe, des Lichts oder der Heilung. Der Kontakt zu diesen Energien kann unglaubliche Veränderungen im Leben hervorrufen, die mitunter an »Wunder« grenzen.

Die Energie der Engel ist unvorstellbar. Ihre Strahlkraft ist um ein Vielfaches stärker als die der mächtigsten Elementargeister. Doch auch wenn Engel innerhalb der Schöpfung die höchste Stufe personaler Gestalt bilden, sind und bleiben sie Gottes Diener und untergeordnet.

Nach Ansicht der Angelologie, der Lehre von den Engeln, sind die Engel in Hierarchien gegliedert.

Je strahlender der Engel, desto höher steht er in der Rangfolge. Wesentlich ist, dass Engel von Gott geschickt werden und nicht aus eigenem Willen handeln. Obwohl sie mitunter in menschlicher Gestalt sichtbar werden, sind sie reine Lichtwesen. Als Vertreter des göttlichen Bewusstseins repräsentieren die Engel vor allem die essenziellen Aspekte Liebe, Heilung und Licht. Wenn sie dem Menschen in Visionen oder Träumen erscheinen, ist der Lichtaspekt meist der offenkundigste, weshalb Engel auch als Söhne des Lichts bezeichnet werden. Da Engel jedoch sowohl in männlicher als auch in weiblicher Gestalt offenbar werden können, sollten sie auch Töchter des Lichts genannt werden!

Kleine Engelsgeschichte

Der Glaube an die Engel ist sehr alt. Himmlische Wesen wurden zu allen Zeiten und in allen Kulturen verehrt und angebetet. Als Gottesboten tauchen Engel natürlich vor allem in monotheistischen Religionen auf. Schon bei den Parsen treten neben dem einen, allmächtigen Gott viele

Engel auf. Ihr Kampf gegen die Dämonen symbolisiert den ewigen Kampf zwischen Gut und Böse.
Die meisten von uns dürften Engel aus dem christlichen Glauben kennen. Doch auch in alten Kulturen gab es Vorstellungen von göttlichen Boten, die unserem Bild von den Engeln nahe kommen. Wir wollen kurz einen Blick auf die geschichtlichen »Vorfahren« unserer Engel werfen.

Himmelsboten in alten Kulturen

Funde belegen, dass Menschen schon vor über 5.000 Jahren an Engel glaubten. Wahrscheinlich gab es jedoch bereits sehr viel früher Engelerfahrungen. Als geflügelte Himmelsboten erscheinen Engel erstmals bei den Sumerern und Babyloniern. Abbildungen sonderbarer Fabelwesen zeigen erste Versuche, die übermenschliche Sphäre darzustellen. Ein sumerisches Rollsiegel, das über 4.000 Jahre alt ist, zeigt einen schwebenden Adler mit Löwenkopf. Später tauchen in Mesopotamien geflügelte Wesen mit Menschenkopf und Löwenleib auf.
Ein assyrisches Rollsiegel aus der Zeit um 1.200 v. Chr. bildet einen weiblichen Geist mit Flügeln ab, der be-

reits größere Ähnlichkeit mit unserer Engelvorstellung aufweist. Rund 400 Jahre später wurden auf babylonischen Rollsiegeln Wesen dargestellt, die den Cherubim gleichen – männliche Götter mit vier Flügeln.

Engel der Frühzeit

Bei den Assyrern entdecken wir eigenartige Wesen mit Löwenleibern, Adlerschwingen, Stierfüßen und menschlichem Antlitz, die die Tempel und Paläste behüten. Zwei geflügelte Cherubim wachen in Salomons Tempel über die heiligen Gesetzestafeln.
Einer der ersten Schutzgeister, der im alten Orient verehrt wurde, war Genius. Dieser engelhafte Geist, der später auch von den Römern angebetet wurde, war ein anmutiges Mischwesen aus Mensch und Tier. Assyrische Reliefs aus dem 7. Jahrhundert v. Chr. zeigen interessante Genius-Darstellungen.
Engelähnliche Geschöpfe finden wir natürlich auch in der griechischen und römischen Mythologie. Obwohl die Götter der damaligen Zeit hauptsächlich Naturgeister repräsentieren, scheinen sie teilweise doch auch mit den Engeln verwandt zu sein.

Ein Götterbote der Antike war Hermes, der mit seinen Flügelschuhen blitzschnell auf die Erde reisen konnte (Fresko in der Würzburger Residenz).

Götterboten der Antike

Die Griechen verehrten den Götterboten Hermes, der nicht nur göttliche Botschaften übermittelte, sondern die Verstorbenen auch in die Unterwelt geleitete. Somit ähnelt Hermes dem Todesengel, der ja auch die Aufgabe hat, die menschliche Seele nach dem Tod zu begleiten. Neben Hermes ist Iris eine interessante Gestalt der griechischen Mythologie. Als Göttin des Regenbogens ist sie zwar eine Repräsentantin der Luftgeister, doch auf der anderen Seite überbringt sie auch den Menschen göttliche Befehle. Als schöne Frau mit Flügeln und einem Heiligenschein dargestellt, symbolisiert sie wohl auch die Ebene der Engel.

Römische Schutzgeister

Die Römer glaubten, dass jeder Mensch einen Schutzgeist hat, der ihn durch sein Leben führt. Dieser Vorläufer des Schutzengels wurde im Alten Rom Genius genannt. Doch es gab noch viele andere Gottheiten – engelartige Wesen, die dem Menschen in schwierigen Situationen

Engel sind tief in unserer Kulturgeschichte verwurzelt. Schon Sumerer und Babylonier glaubten an die geflügelten Götterboten.

Der Prophet Mohammed reiste auf der Stute Burag in Begleitung des Erzengels Gabriel durch Himmel und Hölle (Miniatur von 1436).

beistanden. Lucina war das Lichtwesen, das von Frauen, die in den Geburtswehen lagen, herbeigerufen wurde – Lucina bedeutet »die ans Licht Befördernde«. Für die Ernährung des Neugeborenen war die Schutzgöttin Rumina verantwortlich. Und so gab es in jeder Lebensphase ein geistiges Wesen, das den Menschen vor Unglück bewahrte.

Ägyptische Schutzgötter

Bereits die alten Völker spürten, dass sie von einer himmlischen Energie geschützt wurden. Natürlich wurden die Träger dieser Energie je nach Zeit und Kultur unterschiedlich beschrieben – als Geister, Devas, Götter oder eben als Engel.

Anders als in Griechenland und in Rom verehrten die Ägypter oftmals »gefiederte Wesen«, die allerdings ebenfalls die himmlische Ebene repräsentieren. Die Seelen der Verstorbenen wurden in dieser Kultur als Mischwesen aus Frauen und Vögeln dargestellt.

Viele altägyptische Kunstwerke zeigen Schutzgötter als Wesen mit Flügeln. Ein Bild der geflügelten Göttin

Isis verziert einen Schrein des ägyptischen Herrschers Tutanchamun. Neben Isis sind auf ägyptischen Sarkophagen und in Grabkammern auch andere geflügelte oder gefiederte Wesen abgebildet, so etwa Nechbet und Wadjet, die ihre Flügel schützend um den Steinsarg legen. Auch Schutzengel breiten ihre Flügel über den Menschen aus, um diese vor Gefahren zu schützen.

Lichtwesen in den Religionen

Im Christentum spielen die Engel eine zentrale Rolle. Darauf werden wir noch zu sprechen kommen. Doch auch andere Religionen berichten von Engeln; auffällig ist, dass es vor allem monotheistische Religionen sind. Dort, wo nicht mehr viele Götter, sondern nur noch ein allmächtiger Gott angebetet wird, fehlt dem Menschen oft die konkrete Vorstellung. Die Hinwendung zu einem fernen Schöpfergott ist schwierig, da dieser Gott abstrakt bleibt. Die Hinwendung zu den Engeln ist hingegen viel leichter. Sie sind eine Manifestation des Göttlichen, und trotz ihres ätherischen Wesens sind Engel für alle Menschen einigermaßen greif- und begreifbar. Auch das Judentum ist eine monotheistische Religion: Jahwe ist der einzige Gott, der ebenfalls von einer himmlischen Engelschar umgeben ist. Der Islam übernahm die Engelvorstellung von Judentum und Christentum. Allah,

wie Gott im Islam genannt wird, erschuf Israfel, den brennenden, strahlenden Engel, der sowohl der Engel des Todes als auch der Geburt ist. Der Koran berichtet aber auch von den Malaika, den Schutzengeln, die den Menschen nahe stehen. Vor allem aber der Erzengel Gabriel spielt eine zentrale Rolle, da er Mohammed im Traum erschien und ihn ins Prophetenamt berief.

In polytheistischen Religionen werden Engel meist durch bestimmte Gottheiten repräsentiert. Der Hinduismus kennt eine Anzahl von Göttern, darunter geflügelte Wesen, etwa die Devas und die Kimpurushas. Engelvorstellungen finden wir auch in den indianischen Naturreligionen, bei den Schamanen Tibets und der Mongolei sowie im Sufismus, der mystischen Schule des Islam.

Im chinesischen Taoismus werden die Erleuchteten beschrieben, die »auf den Wolken schweben und mit dem Wind reiten«. Diese weisen Gestalten der Taoisten haben ebenfalls eine gewisse Ähnlichkeit mit den himmlischen Wesen, die wir als Engel bezeichnen.

Biblische Engelberichte

Engel werden in der Bibel über 300 Mal erwähnt. Über die Engel auf Jakobs Himmelsleiter haben wir ja bereits gesprochen (Seite 57).

Im Alten Testament treten die Engel vor allem als Gottes Boten (Gen. 19,1; Ps. 103,20) und als Söhne Gottes auf (Hiob 1,6). Häufig werden die Erzengel Michael (Dan. 10,13), Gabriel (Dan. 8,16) und Rafael (Tob. 3,16) genannt.

Auch im Neuen Testament begegnen wir den Engeln. Hier werden sie zum ersten Mal konkret als Schutzengel beschrieben. Natürlich ist auch Jesus immer wieder von Engeln umgeben, die ihn schützen, inspirieren und ermutigen. Besonders in Berichten über die Auferstehung und Himmelfahrt werden die Himmelsboten er-

Der Erzengel Gabriel brachte Maria die frohe Botschaft von der Geburt des Gottessohnes (Ikone des 14. Jahrhunderts aus Ohrid).

wähnt. Interessant sind die biblischen Engelberichte vor allem deshalb, weil sie in konkreter Form Zeugnis ablegen und einen guten Einblick in das Wesen der Engel ermöglichen. Sie fördern die Fähigkeit, Engel intuitiv zu erfassen.

Eine beeindruckende Engelbeschreibung finden wir im Buch Daniel. Der Prophet Daniel, der von einem Engel aus der Löwengrube gerettet wurde,

DANIEL IN DER LÖWENGRUBE

»Ich blickte auf und sah, wie ein Mann vor mir stand, der in Leinen gekleidet war und einen Gürtel aus feinstem Gold um die Hüften trug. Sein Körper glich einem Chrysolith, sein Gesicht leuchtete wie ein Blitz, und die Augen waren wie brennende Fackeln. Seine Arme und Beine glänzten wie polierte Bronze. Seine Worte waren wie das Getöse einer großen Menschenmenge. Nur ich, Daniel, sah diese Erscheinung; die Männer, die bei mir waren, sahen die Erscheinung nicht; doch ein großer Schrecken befiel sie, so dass sie wegliefen und sich versteckten.«

(Dan. 10, 5–7)

hatte viele Offenbarungen, bei denen er immer wieder mit Engeln zusammengetroffen ist.

Retter in der Not

Eine ausführliche Engeloffenbarung des Alten Testaments finden wir im Buch Tobit (Tob. 5, 1 ff.). Hier wird die Geschichte von Tobit erzählt, der vom Unglück verfolgt wird, sein Hab und Gut verliert und erblindet. Sein Elend dauert an, bis Gott ihm einen Schutzengel – Rafael – schickt. Rafael gibt sich als entfernter Verwandter aus, worauf Tobit ihm seinen Sohn Tobias anvertraut. Von da an wendet sich alles zum Guten. Rafael sorgt dafür, dass Tobias eine Ehefrau findet, gibt ihm ein Mittel, seinen blinden Vater zu heilen, und rettet die Familie aus der Not.

Rettung aus Gefahr

Als Retter in der Not treten Engel auch im Neuen Testament auf. In der Apostelgeschichte wird z. B. berichtet, wie ein Engel Petrus aus dem Gefängnis befreit: »Petrus wurde also im Gefängnis bewacht. Die Gemeinde aber betete inständig für ihn zu Gott. In der Nacht, ehe Herodes ihn vorführen lassen wollte, schlief Petrus, mit zwei Ketten gefesselt, zwischen zwei Soldaten; vor der Tür aber bewachten Posten den Kerker. Plötzlich trat ein Engel des Herrn

Dem Prophet Daniel konnten die Löwen nichts anhaben, denn er wurde von einem gewaltigen Engel beschützt (byzantinisches Mosaik).

ein, und ein helles Licht strahlte in den Raum. Er stieß Petrus in die Seite, weckte ihn und sagte: Schnell, steh auf! Da fielen die Ketten von seinen Händen...

Dann ging er hinaus, und Petrus folgte ihm, ohne zu wissen, dass es Wirklichkeit war, was durch den Engel geschah; es kam ihm vor, als habe er eine Vision.« (Apg. 12, 5–9) Petrus folgt dem Engel und schreitet mit ihm an den Wachen vorbei und durch das eiserne Tor in die Stadt hinaus; in diesem Moment erwacht er aus seinem Traumzustand: »Da kam Petrus zu sich und sagte: Nun weiß ich wahrhaftig, dass der Herr seinen Engel gesandt und mich der Hand des Herodes entrissen hat und all dem, was das Volk der Juden erhofft hat.« (Apg. 12, 11)

Christi Geburt

Eine Aufgabe der Engel besteht darin, Menschen zu beschützen, ihnen in Notlagen beizustehen und den Menschen göttliche Botschaften zu verkünden. Das Lukas-Evangelium berichtet, wie ein Engel den Hirten die Kunde von der Geburt Jesu übermittelte. Maria hatte ihren Sohn gerade auf die Welt gebracht und in eine Krippe gelegt: »In jener Gegend lagerten Hirten auf freiem Feld und hielten Nachtwache bei ihrer Herde. Da trat der Engel des Herrn zu ihnen, und der Glanz des Herrn umstrahlte sie. Sie fürchteten sich sehr, der Engel aber sagte zu ihnen: Fürchtet euch nicht, denn ich verkünde euch eine große Freude, die dem ganzen Volk zuteil werden soll: Heute ist euch in der Stadt Davids der Retter geboren; er ist der Messias, der Herr.« (Lk. 2, 8–11) Die Geburt des Erlösers war ein derart wichtiges, einschneidendes Ereignis, dass Gott immer wieder Engel auf die Erde sandte, um die Menschen innerlich darauf vorzubereiten. Natürlich erschienen die Engel auch Josef und Maria. Als Josef erkennen musste, dass Maria, seine

Wenigen offenbaren sich Engel von Angesicht zu Angesicht. Visionäre, Seher und Heilige berichten von gewaltigen Engelbegegnungen.

Verlobte, ein Kind erwartete, obwohl sie noch nicht »zusammengekommen waren«, dachte er darüber nach, sich von ihr zu trennen: »Josef, ihr Mann, der gerecht war und sie nicht bloßstellen wollte, beschloss, sich in aller Stille von ihr zu trennen. Während er noch darüber nachdachte, erschien ihm ein Engel des Herrn im Traum und sagte: Josef, Sohn Davids, fürchte dich nicht, Maria als deine Frau zu dir zu nehmen; denn das Kind, das sie erwartet, ist vom Heiligen Geist. Sie wird einen Sohn gebären; ihm sollst du den Namen Jesus geben; denn er wird sein Volk von seinen Sünden erlösen. Dies alles ist geschehen, damit sich erfüllte, was der Herr durch den Propheten gesagt hat ... Als Josef erwachte, tat er, was der Engel des Herrn ihm befohlen hatte, und nahm seine Frau zu sich.« (Mt. 1, 19–24)

Helfer in der Not

Die Stelle zeigt eine weitere interessante Eigenschaft der Engel: Sie tauchen oft dann auf, wenn wir vor einer schweren Entscheidung stehen. Natürlich wurde auch Maria selbst auf die Geburt Jesu vorbereitet: Das Lukas-Evangelium erzählt, wie der Erzengel Gabriel von Gott nach Nazaret zur Jungfrau Maria geschickt wird und ihr erscheint: »Da sagte der Engel zu ihr: Fürchte dich nicht, Maria; denn du hast bei Gott Gnade gefunden. Du wirst ein Kind empfangen, einen Sohn wirst du gebären: dem sollst du den Namen Jesus geben.« (Lk. 1, 30f.)

Tröster im Leid

Die Bibel zeigt in vielen Beispielen, wie Engel mit den Menschen in Kontakt treten. Eine letzte Stelle aus den Osterberichten des Johannes-Evangeliums sei noch erwähnt.

Sie veranschaulicht, dass die Engel nicht nur als Botschafter Gottes und Schutzengel, sondern auch als Trostspender erscheinen.

Nach der Beisetzung Jesu entdeckt Maria von Magdala, dass sein Grab leer ist: »Maria aber stand draußen vor dem Grab und weinte. Während sie weinte, beugte sie sich in die Grabkammer hinein. Da sah sie zwei Engel in weißen Gewändern sitzen, den einen dort, wo der Kopf, den anderen dort, wo die Füße des Leichnams Jesu gelegen hatten. Die Engel sagten zu ihr: Frau, warum weinst du? Sie antwortete ihnen: Man hat meinen Herrn weggenommen, und ich weiß nicht, wohin man ihn gelegt hat. Als sie das gesagt hatte, wandte sie sich um und sah Jesus dastehen ...« (Joh. 20, 11–14)

Mystische Engelvisionen

Zu allen Zeiten haben Menschen von wundersamen Erlebnissen mit Engeln berichtet. Nicht nur die Bibel zeugt von Engelbegegnungen. Viele sensitive Menschen – Visionäre, Heilige und Seherinnen – haben die Fähigkeit, Engel vor ihren inneren Augen zu sehen.

Die Zeugnisse mystischer Engelerfahrung zeigen, dass Engel mitunter auf sehr beeindruckende Weise ins menschliche Bewusstsein dringen. Allerdings sollten wir nicht erwarten, dass uns die Engel derart sensationell begegnen, wie es bei einer Hildegard von Bingen oder einem Emanuel Swedenborg der Fall war.

In den allermeisten Fällen ist die Stimme der Engel sanft, unaufdringlich und wenig aufsehenerregend. Unvorbereitet würden starke Engelvisionen die meisten von uns nur ängstigen und verwirren. Es ist daher ganz gut, dass intensivste mystische Engelerfahrungen nur solchen Menschen vorbehalten sind, die durch ihre außergewöhnliche Veranlagung und asketische Lebensweise auch gut darauf vorbereitet sind.

Von Angesicht zu Angesicht

Es gibt eine ungeheure Fülle an Berichten über Engelkontakte. Nicht alle sind glaubwürdig. Im Folgenden werde ich Ihnen einige wichtige Persönlichkeiten, die sich über viele Jahre mit Engeln auseinander gesetzt haben, vorstellen. Johanna von Orléans (Jeanne d'Arc, 1412–31) hatte schon im Alter von 13 Jahren

Engel können sich in vielen Gestalten zeigen, doch stets offenbaren sie sich als Lichterscheinung und in überirdischer Schönheit.

Engelerscheinungen. Sie stand mit dem Erzengel Michael in Kontakt, der ihr den göttlichen Auftrag übermittelte, Frankreich von der Herrschaft der Engländer zu befreien und seinen rechtmäßigen König zur Krönung zu führen. Während ihres Prozesses schildert Johanna von Orléans dem Richter ihre Erfahrungen: »Mit 13 Jahren vernahm ich die Stimme Gottes, die mich führte. Beim ersten Mal hatte ich große Angst. Die Stimme kam zur Mittagsstunde, es war Sommer, ich war in meines Vaters Garten und hatte den Tag zuvor gefastet ... Meist war die Stimme von einer starken Helligkeit begleitet. Das Licht kam von der selben Seite wie die Stimme ... dann wusste ich, dass es die Stimme eines Engels war. Diese Stimme hat mich stets in richtiger Weise geführt ...«
Mystiker, Weise und Seelenforscher haben sich mit der Macht der Engel beschäftigt, darunter Thomas von Aquin, Hildegard von Bingen, Jakob Lorber, Emanuel Swedenborg und Rudolf Steiner. Ihre Lehren können uns heute helfen, selbst Kontakte zu Engeln aufzunehmen, und sie zeigen uns, in welcher Form sich Engel dem Menschen offenbaren können.

Engel der Liebe

Einen schönen Einblick in das Wesen der Engel vermittelt uns der Naturforscher und Theosoph Emanuel Swedenborg (1688–1772), der intensive Engelvisionen hatte. Er schreibt: »Alle Engel sind in menschliche Gestalt gehüllt Gefühle der Liebe. Aus ihren Augen strahlt die Liebe, und ihre Kleider entsprechen dieser Ausstrahlung. Im Himmel heißt es, dass jeder seiner Neigung entsprechend gekleidet ist.« Swedenborgs Sicht der Engel ist sehr konkret. Einmal beschreibt er einen männlichen Engel: »Der Engel war teils Jüngling, teils Mann. Seine Augen strahlten ein Licht aus, das aus der Weisheit der Liebe kam und sein Antlitz von innen her erhellte, ja durch seine Haut nach außen strahlte, dass sie zu schimmern schien ...« Die bekannteste Mystikerin des Mittelalters, Hildegard von Bingen, beschrieb die Engel, die ihr in Visionen erschienen, beeindruckend klar.

Im ersten Chor hatten sie Flügel, die an der Brust wuchsen, menschliche Gesichter spiegelten sich in ihren Antlitzen wie in klarem Wasser. Auch im zweiten Chor hatten sie Flügel an der Brust und menschliche Antlitze, in denen auch die Erscheinung des Gottessohnes aufstrahlte ...
Wie ein Kranz schlossen sich diese beiden Chöre um fünf weitere Chöre. Die Wesen des ersten Chores trugen ein Menschenantlitz und strahlten unterhalb der Schultern in hellem Glanz. Die im zweiten Chor waren von solch lichter Herrlichkeit, dass ich sie nicht anzusehen vermochte. Im dritten Chor schienen sie wie aus hellem Marmor, ihre Köpfe erschienen wie die von Menschen, über denen Feuerflammen aufloderten, ihre Körper waren von silbrigen Wolken umhüllt ...
HILDEGARD VON BINGEN
(1098–1179)

Mystische Engelbegegnungen

Erkenntnisse über die Engel vermitteln auch die Ausführungen des Mystikers Jakob Lorber (1800–1864). Ab seinem 40. Lebensjahr empfing er göttliche Offenbarungen, die er in seinem Hauptwerk, der »Neuoffenbarung« niederschrieb. Darin räumt er auch mit vielen Missverständnissen auf, die das Verständnis der Engel erschweren. So schreibt er einmal: »Meint ihr denn im Ernst, dass Gott den Adam aus dem Paradies durch einen Engel, der ein flammen-

Hildegard von Bingen, die begnadete Seherin des Mittelalters, hatte häufig Engelbegegnungen. Sie hat die Boten Gottes genau beschrieben.

des Schwert als Vertreibungswaffe in seiner Rechten führte, vertreiben ließ? Ich sage es dir: Mag das dem Adam als Erscheinung vorgestellt worden sein, so war es aber nur eine Entsprechung von dem, was eigentlich in Adam selbst vorgegangen ist ...« Es gibt noch viele andere Mystiker und Heilige, die von bemerkenswerten Engelerscheinungen berichteten, darunter Franz von Assisi, Teresa Palminota, Gitta Mallasz oder Therese Neumann. Obwohl extreme Engelerfahrungen nicht unbedingt wünschenswert sind, sind sie gar nicht so außergewöhnlich. Auch ganz normale Menschen, die einen Sinn für das Überirdische haben, berichten sehr farbig von Erfahrungen mit Engeln und Lichtwesen.

Nicht nur Bergbäuerinnen aus entlegenen Alpengegenden, auch Menschen, die in der Großstadt leben, sind darunter. Auffällig ist allerdings, dass es eher Frauen als Männer sind, die heute von Engelträumen und visionen berichten. Das mag daran liegen, dass Frauen ihre Sensitivität und ihren Siebten Sinn im Allgemeinen etwas besser nutzen als ihre männlichen Zeitgenossen.

Engelbilder in der Kunst

Künstler haben oft einen ausgeprägten Sinn für das Überirdische. Auch wenn sie Engel nicht unbedingt leibhaftig sehen, wie manche Heilige und Seherinnen, so haben sie doch oft klare innere Bilder, die sie in ihren Werken umsetzen. Es gibt Abertausende von Engeldarstellungen aus allen Epochen.

Da die Vorstellung der Himmelsboten immer vor dem Hintergrund der jeweiligen Kultur zu sehen ist, unterscheiden sich die Skulpturen und Bilder teils erheblich voneinander. Byzantinische Meister malten Engel noch als würdige, denkmalartige Gestalten aus einer höheren Sphäre – unnahbar und Ehrfurcht gebietend. Später bekamen die Engel dann immer menschlichere Züge.

Im frühen Christentum wurden sie nach dem Vorbild der Genien gestaltet. Anfangs wurden die himmlischen Boten männlich und ohne Flügel abgebildet. Flügel bekamen die christlichen Engel in der Kunst erst zu Beginn des 5. Jahrhunderts. Darstellungen aus dieser Zeit zeigen sie meist in weißen, schlichten Gewändern. In der byzantinischen Kunst wurden Engel oft sehr prunkvoll dargestellt; sie trugen die damalige Hoftracht, den Purpurmantel und das hellblaue Untergewand.

Im Mittelalter bekamen die Engel dann immer menschlichere Züge: Durch ihre ausgeprägte Mimik erscheinen sie als emotionale Wesen, die je nach Situation ernst, heiter oder traurig aussehen. Auf den Gemälden und Fresken der italienischen Künstler Giotto (1266–1337) und Duccio (1255–1319) erscheinen Engel von leuchtender Schönheit und Pracht.

Seit der Spätgotik und Frührenaissance werden immer häufiger auch liebliche, weibliche Engel dargestellt. Der deutsche Maler Stefan Lochner (um 1410–1451) und seine Zeitgenossen malten musizierende, weibliche Engel mit Harfen in den Händen. Ein Engelmaler der Frührenaissance trug sein Lieblingssujet sogar im Namen: Fra Angelico (1400–1455) war berühmt für seine wunderschönen Engelbilder.

Später entdecken wir häufig Kindergestalten als Repräsentanten des Engelreichs. Besonders bekannt sind hier wohl die Barockputten, die pausbäckig und Trompete spielend Kirchendecken schmücken.

Je mehr wir uns der Gegenwart nähern, desto individueller werden die Engeldarstellung dem künstlerischen Ermessen angepasst.

Schutzengel tauchen in vielen Gemälden des 18. und 19. Jahrhunderts als fast transparente Lichtwesen auf, die in Augenblicken der Gefahr auf die Erde herniederkommen. Engelbilder finden wir vor allem bei William Blake (1757–1827), dessen künstlerisches Schaffen stark von seinen mystischen Erlebnissen geprägt war.

Moderne Engeldarstellungen

Einen Schatz an Engelbildern hinterließ Marc Chagall (1887–1985), der sich von der ostjüdischen Glaubensmystik inspirieren ließ. Chagall hatte visionäre Träume, die er in seinem Werk verarbeitete. Bilder wie »Der gemalte Traum«, »Jakobs Traum von der Himmelsleiter« oder »Abraham und die drei Engel« zeugen davon. Auch Paul Klee (1879–1940) hat inspirierende Engelbilder gemalt, wie den »Engel im Kindergarten«, den »Vergesslichen Engel« oder den »Engel voller Hoffnung«. Klees Bilder sind von Poesie und feinsinnigem Humor bestimmt; er war ein Meister der symbolischen Darstellung. Natürlich hat das Thema »Engel« noch viele andere Künstler von Michelangelo bis hin zu Joseph Beuys inspiriert. Es gibt schöne Kunstbände, die eine Sammlung von Engelbildern aus allen Epochen anbieten, und es lohnt sich, einen Blick hineinzuwerfen.

»Millionen geistige Wesen wandeln ungesehen über die Erde, ob wir wachen oder schlafen«, meinte John Milton, der Dichter des 17. Jahrhunderts.

Die Hierarchie der Engel

Seit langem streiten sich die Gelehrten darüber, wie viele Engel es wohl geben mag. In der Offenbarung heißt es, dass es »vieltausend mal vieltausend«, im Buch Daniel, dass

Engel standen Jesus in seinem irdischen Leben zur Seite und behüteten ihn auf seinen Wegen (Fresko von Giotto, Padua, 1305).

es 10.000 mal 10.000 seien, was zumindest ungefähr aufs Gleiche kommt. Der Dominikaner Albertus Magnus, der Lehrer von Thomas von Aquin, schätzte ihre Zahl auf vier Milliarden, während die jüdische Kabbala von exakt 301.655.722 Engeln spricht. Sicher ist, dass es sehr viele Engel gibt. In Anbetracht der

> *»Die edelsten aller Kreaturen sind die Engel, sie sind rein geistig und haben keine Körperlichkeit an sich, und von ihnen gibt es am allermeisten, ihrer gibt es mehr als alle körperlichen Dinge zusammengezählt.«*
> **MEISTER ECKHART**
> *(vor 1260 – vor 1328)*

unüberschaubaren Engelzahl liegt es nahe, Ordnung in die Himmelsscharen zu bringen. Dionysios Areopagita (um 100 n. Chr.) war der Erste, der diese Ordnung schuf. Seine Engelhierarchien bilden noch heute die klassische Einteilung.

Ordnung der Lichtwesen

Es ist ganz menschlich, das Unfassbare durch Einordnungen greifbarer machen zu wollen. Doch selbst wenn die direkte mystische Schau die Quelle für Engelhierarchien bildet: Göttliche Visionen spielen sich immer innerhalb des menschlichen Bewusstseins ab; dieses ist aber von der jeweils herrschenden Zeit und Kultur geprägt! Dionysios selbst räumt ein, dass seine Einteilung der Engel in ein System nur ein Hilfsmodell ist, in dem er nach besten Kräften alles zusammengefasst hat, was aus den heiligen Schriften bekannt ist. Er schreibt: »Wie viele Ordnungen der Engel es gibt, wie sie beschaffen sind und in welcher Weise die Hierarchien sich vollenden, das, so meine ich, weiß einzig das dahinter stehende, göttliche Urprinzip...« Wir wollen uns dennoch kurz mit den Engelhierarchien befassen, da sie wichtige Erkenntnisse über das Wesen der Engel enthalten.

Die Aufteilung der Engel in Chöre zeigt, dass nicht alle Engel gleich sind. Manche strahlen besonders hell und können mit ihren enormen Energien starken Einfluss auf das Weltgeschehen ausüben. Andere sind als persönliche Schutzengel für das Individuum sehr nützlich und wichtig, wirken aber nur schwach auf universelle Prozesse ein.

Nehmen Sie die Engelhierarchien als Anregung. Lassen Sie sich inspirieren! Die Beschäftigung mit den Hierarchien kann hilfreich sein, um sich auf Engelbegegnungen vorzubereiten. Gesetze sollten Sie aus ihnen jedoch nicht ableiten.

Seraphim

Die Seraphim stehen auf der höchsten Stufe der Engelhierarchie. Ihr Name leitet sich aus dem hebräischen »saraph« ab, was »brennen« heißt. Die Seraphim werden deshalb auch »die Feurigen« oder »die Brennenden« genannt. Darüber hinaus steckt in ihrem Namen aber auch das hebräische »Ser« (= Schutzengel) sowie »Rapha« (= Heiler). Im Alten Testament werden die Seraphim in der Vision des Propheten Jesaja

Die sechsflügligen Seraphim gehören zur obersten Triade der Engel. Dante nannte ihr Dasein »die Gegenwart der Freunde Gottes« (Kuppelmosaik im Dom von Céfalu, 12. Jahrhundert).

Majestätische Würde und Schönheit zeichnet die Darstellung der höheren Engelhierarchien aus (Wandteppich von Edward Burne-Jones, 1894).

(Jes. 6, 2–6) als himmlische Wesen mit sechs Flügeln beschrieben. Die Seraphim bewachen den Thron Gottes und repräsentieren Licht, Liebe und Reinheit.

Der Gesang der Seraphim symbolisiert den Urklang des Universums. »Im Anfang war der Klang«, lesen wir in den Veden; Seraphim spielten im Schöpfungsprozess eine wichtige Rolle. Ihre Botschaft an den Menschen lautet: »Lass dein inneres Licht strahlen, und setze dich für andere Menschen ein.«

Cherubim

Im Alten Testament werden die Cherubim als Wächter des Gartens Eden genannt (Gen. 3, 24). Die detaillierten, wenn auch Furcht erregenden Cherubim-Beschreibungen des Propheten Ezechiel (Ez. 1,4–28; 10, 3–22) inspirierten viele Künstler. Die meisten Cherubim-Darstellungen gehen auf den Einfluss der altorientalischen Mystik zurück. Sie zeigen die Wächter des Himmlischen Thrones als Mischwesen – als Engel mit Löwen-, Stier-, Adler- und Menschenkopf. Das Wesen der Cherubim hat allerdings wenig mit diesen assyrischen Gottheiten zu tun.

Die Cherubim repräsentieren Weisheit und Erkenntnis. Der Name »Cherubim« bedeutet »Fülle der Weisheit« oder »Übertragung der Erkenntnis«. Darüber hinaus bedeutet die hebräische Wortwurzel »Cherub« auch »der Fürsprache Haltende«.

Die Bibel berichtet, dass die Cherubim sich vergebens bei Gott für Adam einsetzten, bevor sie ihn dann doch aus dem Paradies vertreiben mussten. Die Cherubim haben vier Flügel, die die vier Elemente symbolisieren. Ebenso wie die Elementargeister beeinflussen diese Engel Geschehnisse in der Natur. Vor allem

aber übertragen sie die göttliche Weisheit auf andere Wesen. Die Botschaft der Cherubim an den Menschen lautet: »Lebe in Harmonie und teile deine inneren Erkenntnisse anderen Menschen mit.«

Throne

Die Throne heißen im Hebräischen »Gagallin«, was so viel wie »großes Rad« bedeutet. Ezechiel beschreibt sie als feurige Räder (Ez. 1, 15–20). Das Rad symbolisiert den ewigen Kreislauf von Geburt, Leben, Tod und Wiedergeburt. Die Throne sind die Engel der Lebensenergie und des

Ein Motiv frühchristlicher Kunst ist der von den Herrschaften umgebene Thron Christi (S. Apollinare Nuovo in Ravenna, 6. Jahrhundert).

kosmischen Willens. Die Bezeichnung »Thron« deutet ferner darauf hin, dass diese Engel in direkter Nähe zu Gott sind und ihn stützen. Throne werden oft mit einer Krone und auf Wolken sitzend dargestellt. Die Throne haben großen Einfluss auf die Lebensenergie des Menschen und können seinen Willen zum Guten wenden. Die Botschaft der Throne an den Menschen lautet: »Setze deine Lebensenergie und deine Willenskraft ein, um die göttlichen Pläne zu unterstützen. Folge Deiner inneren Berufung.«

Herrschaften

Die Herrschaften stehen auf der obersten Stufe der zweiten Triade. Sie sind Herrscher und Weltenlenker, weshalb sie oft mit Zepter dargestellt werden. Die Herrschaften sind von majestätischer Würde, doch sie herrschen keinesfalls tyrannisch. Sie folgen dem göttlichen Plan und walten in einer Weise, die sich immer dem »wahrhaft Seienden gänzlich zuwendet« (Dionysios Areopagita). Die bedeutendsten Engel dieser Gruppe sind Zadkiel, Chasmal und Yahriel. Die Energie der Herrschaften, die auch als »Kyriotes« bezeichnet werden, ist reine Gnade. Sie verzeihen

Engel helfen den Seligen bei der Aufnahme in den Himmel dabei, alle irdische Last abzustreifen (Weltgerichtsaltar von Hans Memling, 1471).

alles und bringen die göttliche Gnade auf die Erde. Ihre Botschaft an den Menschen lautet: »Werde zum Herrscher über dich selbst. Lasse nicht zu, dass niedere Emotionen, Triebe und sinnliche Begierden deinen Sinn trüben. Verzeihe all denen, die dich verletzt haben.«

Mächte

Die Mächte bilden die mittlere Gruppe der zweiten Triade. Sie heißen auch »Dynameis«, was ebenfalls »Kräfte« bedeutet, und werden ferner als die Leuchtenden bezeichnet. Die Energie dieser Engelgruppe wirkt sich bereits direkt auf die menschliche Ebene aus. Die Mächte werden vom Erzengel Michael regiert, und sie haben Ähnlichkeit mit den Schutzengeln, denn ebenso wie diese unterstützen sie das Gute und helfen in Notsituationen. Darüber hinaus haben sie noch eine Fähigkeit: Die Dynameis können Geschehnisse bewirken, die wir auf Erden als Wunder bezeichnen. Die Mächte repräsentieren die männliche Energie, und sie schenken neuen Mut.

Gedenke Michaelis, wenn du dich am Morgen erhebst, und es wird dir ein fröhlicher Tag beschert sein. (Engelgebet aus dem 9. Jahrhundert).

Ihre Botschaft an den Menschen lautet: »Befreie dich von Ängstlichkeit und Misstrauen. Habe den Mut, dein wahres Wesen zu erkennen, und vertraue der göttlichen Führung.«

Gewalten

Die als Gewalten bezeichnete Engelgruppe wird leicht mit den Mächten verwechselt, da auch sie gelegentlich als Dynameis bezeichnet werden. Eigentlich heißen die Gewalten jedoch Exusiai, und in der Bibel werden sie Elohim genannt.
Die Gewalten stehen an der Schwelle zwischen erster und zweiter Triade. Ihre Aufgabe besteht darin, die himmlische Sphäre vor allen negativen Einflüssen der irdischen Sphäre zu schützen. Sie werden deshalb auch als die »Hüter der Grenze« bezeichnet und oft mit Schwert und Donnerkeil dargestellt.
Nach Dionysios Areopagita besteht die Aufgabe der Gewalten darin, »die tiefer stehenden Wesen gütig aufwärts zu leiten«. Der bedeutendste Engel unter den Gewalten ist Camael. Die Gewalten sorgen dafür, dass das Böse in der menschlichen Seele nicht überhand nimmt.

Ihre Botschaft an den Menschen lautet: »Schütze dich vor dämonischen Einflüssen. Bewahre deine innere Freiheit, und richte deinen Blick zum Licht.«

Fürstentümer

Die Fürstentümer, Erzengel und Engel bilden die dritte Triade. Die Engel dieser Triade sind den Menschen sehr viel näher als die der oberen beiden Triaden. Engel stellen wir uns meist so wie sie vor, da sie sich in menschenähnlicher Gestalt offenbaren können. Die Fürstentümer werden auch Archai oder Urkräfte genannt. Sie schützen die Völker und Religionen und fördern die Menschheitsentwicklung. Sie repräsentieren das Denken, die geistige Energie und das Bewusstsein. Der bedeutendste Engel der Fürstentümer ist Anael, einer der sieben Erzengel. Er wird auch Emanuel genannt und gilt als Erzengel der Barmherzigkeit und Liebe.
Die Botschaft der Fürstentümer an den Menschen lautet: »Erkenne, dass du ein geistiges Wesen bist, auch wenn du mit einem Leib bekleidet bist. Tritt ein in das Reich des reinen Geistes, in dem heilende Stille ist.«

Erzengel

Die Erzengel, die Archangeloi, stehen innerhalb der Hierarchie des Dionysios Areopagita zwar relativ weit unten, tatsächlich sind sie aber von besonderer Bedeutung für den Menschen, weshalb wir sie im folgenden Abschnitt eingehender behandeln wollen.

Engel

Die Angeloi, die »gewöhnlichen« Engel, stehen in direktem Kontakt zum Menschen. Eigentlich trifft die Bedeutung Himmelsboten besonders gut auf sie zu, da sie nicht nur den Kontakt zwischen dem Menschen

Mystiker berichten immer wieder vom überirdisch süßen Gesang der Engelschöre im Paradies (Jan van Eyck, Genter Altar, 1432).

und Gott, sondern auch zwischen den Menschen und den Engeln der höheren Engelsphären herstellen. Es ist etwas verwirrend, dass Dionysios Areopagita die unterste Klasse seiner Hierarchie als Engel bezeichnete, denn natürlich sind alle darüber stehenden Lichtwesen, wie z. B. die Seraphim, die Mächte oder die Fürstentümer, auch Engel. An diesem Punkt wird das Hierarchie-System etwas unlogisch, doch soll uns dies nicht weiter kümmern, da es sich dabei ja ohnehin nur um ein Modell handelt. Was wirklich zählt, ist die eigene Verbindung zu

den Engeln. Das traditionelle Wissen ist wichtig, denn es kann gute Impulse geben. Vor allem geht es aber darum, sich in meditativer Weise mit den »Söhnen und Töchtern des Lichts« zu beschäftigen und eigene Erfahrungen zu sammeln!

Das Geheimnis der Erzengel

In der Hierarchie der Engel stehen die Erzengel über den dienenden Engeln. Sie sind den Menschen sehr nahe und verfügen gleichzeitig über enorme Energien. Die Namen der Erzengel enden alle auf die sumerische Silbe »el«, was so viel wie »strahlen« oder »leuchten« bedeutet, aber auch »Gott« heißen kann. Im Alten Testament und den Apokryphen werden Michael, Gabriel und Rafael als die drei wichtigsten Erzengel erwähnt. Zu ihnen kommen noch Uriel, Jophiel, Zadkiel und Samael, sie alle zusammen werden den sieben Himmeln zugeordnet. Im Islam heißen die vier Erzengel Gabriel, Michael, Azrael und Israfel. In der Kabbala werden zehn Erzengel erwähnt, die den zehn Emanationen im Baum des Lebens entsprechen – Metatron, Raziel, Tzaphqiel, Tzadqiel, Khamael, Rafael, Haniel, Michael, Gabriel und Sandalphon. Im Folgenden wollen wir uns jedoch nur mit den vier wichtigsten Erzengeln Michael, Gabriel, Rafael und Uriel beschäftigen.

Michael

Der Name des Erzengels Michael leitet sich aus dem hebräischen von »Mikha-el« ab und bedeutet: »Wer ist wie Gott?« Michael kämpft gegen das Böse und die Dämonen und wird oft mit Schwert und Rüstung dargestellt. Er symbolisiert das göttliche Selbst im Menschen. Michael gilt als der mächtigste Erzengel, er verbindet den Menschen mit seinem göttlichen

Am Jüngsten Tag soll der Erzengel Michael gute und schlechte Taten gegeneinander aufwiegen (Guariento de Arpo, 1350–1400).

Ursprung. Er hilft allen, die auf der Suche nach Gott sind. Er spendet Kraft und Mut. Michael ist auch der Engel, der die Seelen der Verstorbenen sanft ins Himmelreich trägt. Er wird häufig mit zwei Waagschalen in der Hand dargestellt, mit der er die guten und bösen Taten der Verstorbenen gegeneinander abwägt. Sie sollten sich auf die Energie des Erzengels Michael konzentrieren, wenn Sie das Gute in sich selbst stärken wollen. Die Kraft Michaels hilft Ihnen, die richtigen Entscheidungen zu treffen – das Schwert in seiner Hand symbolisiert die Notwendigkeit, sich zu entscheiden (das Schwert aus der Scheide zu ziehen). Michael ist der Herrscher über die Sonne. Er kann tiefe Erkenntnis und Erleuchtung schenken.

Gabriel

Der Name Gabriel leitet sich aus dem hebräischen »Gavri-el« ab und bedeutet »die Macht Gottes« oder »Meine Macht ist Gott«. Gabriel ist der klassische Himmelsbote, der Verkünder guter Botschaften. Unter anderem verkündete er Maria die Ge-

Als Gott der Hochmut Luzifers zu maßlos erschien, stürzte er ihn mit Hilfe der Erzengel in die Hölle. (Miniatur der Gebrüder Limburg, um 1415).

burt Jesu. Gabriel wird oft mit einer weißen Lilie, dem Symbol der Reinheit und Spiritualität, dargestellt. Es gibt Bilder, die ihn mit einer Fackel in der Hand zeigen, denn er gilt als Herrscher über das Feuer. Gabriel ist der Mondenergie zugeordnet und repräsentiert Aspekte wie Fruchtbarkeit und Reinheit. Konzentrieren Sie sich auf die Energie Gabriels, wenn

Sie Kontakt zur göttlichen Macht bekommen und sich aus Verstrickungen der materiellen Welt befreien wollen. Gabriel hilft, sich innerlich zu reinigen. Er wirkt inspirierend und lässt neue, heilsame Ideen aufkeimen.

Rafael

Der Name des Erzengels Rafael leitet sich aus dem hebräischen »Rafa-el« ab und bedeutet »Gott heilt« oder »Heiler Gottes«. Rafael ist der Heilbringer, sein Symbol ist der Fisch, der auch das Zeichen Christi war. Rafael begleitet den Menschen in schwierigen Zeiten. Er wird oft mit schützenden Flügeln dargestellt und gilt als der Schutzengel schlechthin. Rafael schützt die Reisenden ebenso, wie kranke Menschen. Manche Bilder zeigen ihn mit einer mit heilendem Balsam gefüllten Phiole, denn Rafael ist der Engel, »der über alle Krankheiten und über alle Wunden der Menschenkinder gesetzt ist...« (Buch Henoch). Wenden Sie sich der Energie Rafaels zu, wenn Sie Heilungsprozesse aktivieren wollen. Rafael ist der Engel, der Hoffnungslosigkeit und Mutlosigkeit vertreibt; er ist voller Mitleid für die leidenden Menschen. Da er sich den Suchenden besonders leicht offenbart, gilt er als der zugänglichste aller Erzengel.

Uriel

Der aus dem Hebräischen stammende Name »Uriel« bedeutet »Feuer Gottes« oder »Gott ist mein Licht«. Uriel ist der Engel der Prophezeiung und der Offenbarung.
Er wird häufig mit Flammen in der Hand dargestellt. Uriel ist dem Element Erde zugeordnet und gilt als der Engel, der den Menschen göttliche Geheimnisse offenbart.
Die Energie Uriels ist für alle interessant, die auf der Suche nach ihrem »inneren Licht« sind. Wenn Sie gefährdet sind, in dunkle Stimmungen zu geraten, oder wenn Schicksalsschläge Ihr Leben verdunkelt haben, kann die Kraft Uriels sehr heilsam sein. Letztendlich repräsentiert Uriel einen der wichtigsten Engelaspekte: Er verbindet den Menschen mit dem göttlichen Licht.

Der gefallene Engel

Bevor wir uns der Praxis der Engelmeditationen zuwenden, wollen wir noch einen Blick auf ein Wesen werfen, das man vielleicht nicht unbedingt in einem Buch über Engel und Feen erwarten würde – auf Luzifer, den gefallenen Engel. Wegen der Tatsache, dass er einmal ein Engel war, verdient Luzifer einige Zeilen. Den meisten Menschen gilt Luzifer ausschließlich als Inkarnation des Bösen. Er ist besser bekannt unter den Namen Satan, Teufel, Fürst der Finsternis oder Höllenfürst.
Wie kam es dazu, dass aus dem besonders auserwählten Engel die Verkörperung des Negativen wurde, dass er vom Himmel in die Hölle gestürzt wurde? Sehen wir uns Luzifers Geschichte einmal näher an. Luzifer – sein Name bedeutet »Lichtbringer« – soll einer der schönsten und strah-

Die Lehre von den Schutzengeln hat ihren Ursprung im biblischen Buch Tobit, in dem Rafael Tobias auf gefährlichen Wegen geleitet.

Wenn sich dunkle Wolken des Schicksals zusammenbrauen, wird der Schutz der Engel besonders wichtig.

lendsten Erzengel gewesen sein. Wegen seines Hochmuts fiel er bei Gott in Ungnade und stürzte aus dem Himmel. Das bekannte Sprichwort »Hochmut kommt vor dem Fall« erinnert an dieses Ereignis.

Luzifer wird auch mit dem Morgenstern (Venus) gleichgesetzt. In der Bibel wird der Morgenstern auf den von Gott abgefallenen Engel übertragen: »Ach, du bist vom Himmel gefallen, du strahlender Gott der Morgenröte, zu Boden bist du geschmettert, du Bezwinger der Völker.« (Jes. 14, 12). Die klassische Bibelstelle, die den Sturz Luzifers beschreibt,

So spricht Gott, der Herr: Du warst ein vollendet gestaltetes Siegel, voll Weisheit und vollkommener Schönheit. Im Garten Gottes, in Eden, bist du gewesen. Allerlei kostbare Steine umgaben dich ...
Ohne Tadel war dein Verhalten seit dem Tag, an dem man dich schuf, bis zu dem Tag, an dem du Böses getan hast.
Durch deinen ausgedehnten Handel warst du erfüllt von Gewalttat, in Sünde bist du gefallen. Darum habe ich dich vom Berg der Götter verstoßen, aus der Mitte der feurigen Steine hat dich der schützende Cherub verjagt. Hochmütig warst du geworden, weil du so schön warst. Du hast deine Weisheit vernichtet, verblendet vom strahlenden Glanz. Ich stieß dich auf die Erde hinab ...
(Ez. 28, 12ff.)

finden wir im Buch Ezechiel. Luzifer musste die Sphäre der Engel verlassen, da er gesündigt und wenig Demut gegenüber seinen Herrn bewiesen hatte. Dennoch – das ursprüngliche Wesen Luzifers ist das

eines strahlenden Engels. Das übliche Bild des Teufels, der im Höllenfeuer die Seelen sündiger Menschen foltert, ist Auswuchs menschlicher Phantasie und hat wenig mit dem Wesen des gefallenen Engels zu tun.

Das Böse in der Welt

Luzifers Kern ist gut. In allem Bösen, das uns in der Welt begegnet, ist das Potenzial des Guten enthalten, wenn es zuweilen auch sehr schwer fällt, dies zu erkennen. Wenn aber schon der strahlendste aller Engel bedroht ist, aus dem Himmel zu stürzen, so sollten wir Menschen besonders nachsichtig mit uns umgehen. Unsere Fehler und Schwächen sind nur insofern bedauerlich, als sie uns auf Um- und Abwege führen. Doch wenn wir uns den Energien der Engel zuwenden, werden negative Tendenzen, die unser Leben einengen oder Leid erzeugen, sich ganz von selbst auflösen.

Gottes Liebe erfahren

Der Weg zu Gott führt nicht über Selbstverurteilung, Willenskraft und eiserne Disziplin, sondern über Liebe, Licht und innere Heilung. Der Kontakt zu unseren Engeln schützt

uns vor den Mächten des Bösen. Das Böse sind aber nicht Ungeheuer mit langen Zähnen und Hörnern auf dem Kopf, die aus den Flammen des Höllenfeuers nach uns greifen. Das so genannte Böse oder die Sünde ist nichts anderes als die Folge der Unbewusstheit! Dies brachte auch Jesus zum Ausdruck, als er am Kreuz betete: »Vater, vergib ihnen, denn sie wissen nicht, was sie tun.« (Lk. 23 – 34).

Selbst im Abgrund der Hölle wirken Engelsenergien, denn der gestürzte Engel Luzifer kann seine Natur nicht völlig verleugnen.

Begegnung mit Engeln

Die praktische Arbeit mit den Engeln ist eine wunderbare Möglichkeit, sich dem Wesentlichen zuzuwenden und bewusst zu leben. Indem Sie Ihre Konzentration auf die lichten Kräfte lenken, verlieren alle negativen Einflüsse ihre Macht über Sie.

Kontakt zu Engeln aufnehmen

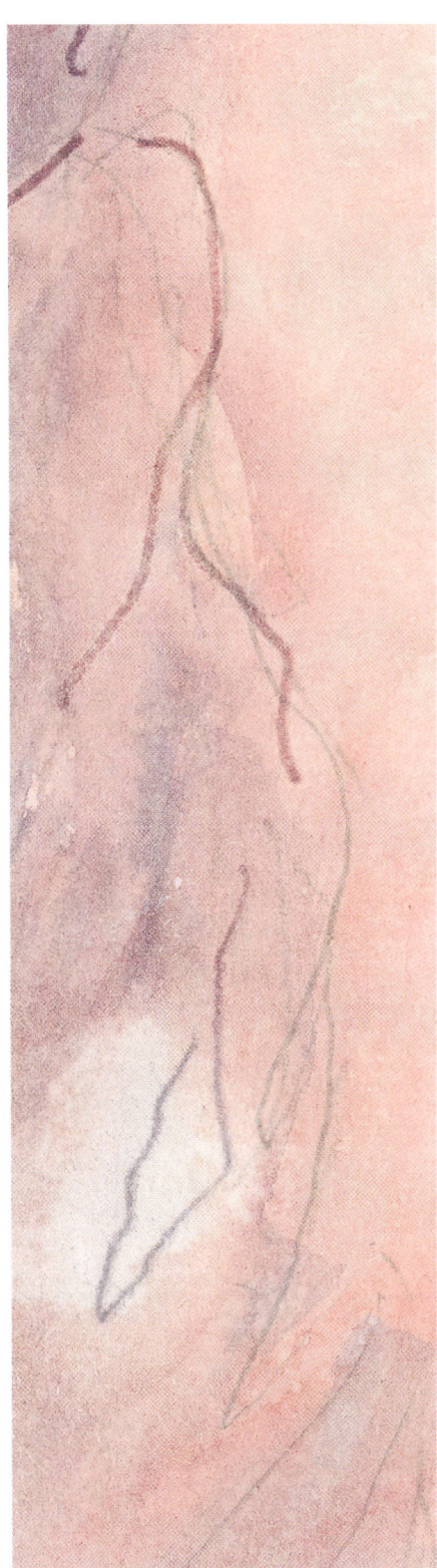

Engelkontakte finden oft spontan und unerwartet statt. Es gibt allerdings auch viele schöne Möglichkeiten, um sie nicht nur dem Zufall zu überlassen, sonst selbst dazu beizutragen, dass sie stattfinden.

Ich will Ihnen nun einige Vorschläge machen, durch die Sie die Verbindung zu Ihren Engeln pflegen können. Letztendlich müssen Sie jedoch selbst den besten Weg ins Reich der Engel finden. Jeder Mensch hat seine eigene Art, mit Engeln zu kommunizieren. Sie können still werden und »geschehen lassen«, Sie können beten, Sie können Engeln in Träumen begegnen usw. Engelmeditationen helfen uns, uns für die Botschaften und Energien der Engel zu öffnen. Die spirituelle Aufgabe des Menschen besteht zum einen darin, sich für die Kräfte des Göttlichen zu öffnen – zum Gefäß zu werden.

»Bittet, dann wird euch gegeben; sucht, dann werdet ihr finden; klopft an, dann wird euch geöffnet. Denn wer bittet, der empfängt; wer sucht, der findet; und wer anklopft, dem wird geöffnet.«
(Mt. 7, 7-8)

Zum anderen ist es aber auch wichtig, die positiven Energien der Engel weiterzugeben und auszustrahlen. Durch lichte Gedanken, und durch förderliche Handlungen tragen wir dazu bei, dass mehr Licht, Wärme und Liebe in die Welt kommen. Der Wunsch, sein Glück mit anderen zu teilen, ist ganz natürlich. Der Kontakt zu den Engeln ist erfüllend

Gott schickt uns seine Engel, um uns zu einem tieferen Verständnis unseres irdischen Daseins anzuregen.

und beglückend, und es versteht sich von selbst, dass unsere positiven Erfahrungen auch unseren Mitmenschen zugute kommen werden.

Zu Engeln beten

Was tun Sie, wenn Sie Kontakt zu einem Freund aufnehmen wollen, der weit weg wohnt? Sie rufen ihn an! Natürlich gibt es keine Telefonnummer, unter der Sie einen Engel anrufen können, es gibt jedoch sehr wohl eine einfache und direkte Methode, einen guten Draht zu den Engeln aufzubauen – das Gebet!
Vielleicht scheint Ihnen Beten altmodisch oder nur etwas für sehr religiöse Menschen zu sein. Doch tatsächlich ist Beten nichts anderes als ein vertrauensvolles Gespräch unter Freunden. Kinder sprechen oft ganz automatisch mit ihren Engeln, denn sie spüren, dass sie ihnen dadurch ganz nah kommen können.
Indem wir zu den Engeln beten, öffnen wir uns und zeigen ihnen unser Vertrauen. Dabei ist ein Gebet nichts anderes als eine Bitte. Warum sollten Sie versuchen, alles allein durchzustehen und auf die göttliche Hilfe zu verzichten? Es gibt keinen Grund dafür, die Hilfe, die uns angeboten wird, abzulehnen.

Wie betet man?

Dafür gibt es keine festen Regeln. Jeder Mensch betet auf seine eigene Weise. Wichtig ist, dass wir uns klar und einfach ausdrücken. Außerdem sollten wir nicht nur mit Worten, sondern auch von Herzen beten. Gebete müssen nicht umständlich oder lang sein. Oft genügt ein einziger Satz. Wenn Sie Sorgen haben, sollten Sie regelmäßig beten. Die besten Zeiten dafür sind morgens

Licht, Wärme und Liebe – jeder von uns trägt die Erinnerung an Begegnungen mit einem Lichtwesen in sich (Gemälde von Howard Pyle, 1905).

Engelträume pflegen

Eine weitere schöne Möglichkeit, um mit Engeln zu »arbeiten«, besteht darin, sie in seine Träume einzuladen. Im Wachbewusstsein fällt es häufig schwer, Engel wahrzunehmen. »Viele Engel sind euch gegeben. Aber ihr seht sie nicht«, schrieb die Dichterin Nelly Sachs.

Sie können die Engel aber sichtbar machen – vielleicht nicht für Ihr Alltagsbewusstsein, wohl aber für Ihr Unterbewusstsein.

Die reiche Bilderwelt, die farbenfrohe Sprache des Unterbewusstseins sind gute »Übersetzer« für Engelbotschaften. Hinzu kommt, dass Engelenergien im Schlaf heilend und inspirierend auf den Astralleib, also den »Schwingungskörper« des Menschen einwirken. Überhaupt werden Engel sehr häufig in Bewusstseinszuständen wahrgenommen, in denen der Geist befreit von seiner alltäglichen Aktivität ist – etwa in Trance, in tiefer Meditation oder in Momenten der Andacht.

Auch im Traum können die Engel sichtbar werden. Während wir träumen, ist unsere Seele nicht mehr so stark an den Körper gebunden. Jetzt können die Engel uns ungestört Im-

und abends. Das Morgengebet hilft Ihnen, den Tag mit neuen Energien zu beginnen. Das abendliche Gebet ist ein schöner Abschluss des Tages – wenn Sie wissen, dass die Engel über Sie wachen, schlafen Sie gut.

Es kann hilfreich sein, für das Beten eine besondere Stellung einzunehmen und beispielsweise die Hände zu falten. Auf diese Weise wird Beten zu einem kleinen Ritual, die Konzentration wird gefördert. Wenn Sie die Hände zum Gebet vor der Brust aneinander legen, weisen alle Finger nach oben.

Diese Haltung hilft Ihrer Seele, sich nach »oben« zu orientieren. Sie können die Finger auch ineinander verschränken. Das symbolisiert, dass die Seele sich ganz nach innen wendet. Natürlich können Sie auch ohne eine bestimmte Haltung beten, indem Sie Worte sprechen oder sie in Gedanken formulieren:

✦ »Ihr Engel des Himmels, helft mir bitte, wieder gesund zu werden.«
✦ »Engel des Lichts, steh mir in dieser dunklen Stunde bei.«
✦ »Meine himmlischen Freunde, zeigt mir einen Weg, um das Problem mit meinem Partner zu lösen.« Oder Sie formulieren eine Engel-Affirmation – einen positiven Ener-

giesatz. Eine Affirmation müssen Sie allerdings regelmäßig anwenden und sie mehrmals in ruhigem Tonfall wiederholen. Mögliche Affirmationen könnten lauten:

✦ »Durch eure Kraft werde ich wieder gesund.«
✦ »Die Engel und das Leben meinen es gut und unterstützen mich.«
✦ »Ich lasse die Liebe der Engel nach außen strahlen und bewirke positive Veränderungen.«

Die Sprache der Liebe

Die Engel benutzen die Sprache der Liebe. Tun Sie es ihnen gleich: Sprechen Sie nicht aus dem Verstand, sondern aus dem Herzen. Lächeln Sie. Und achten Sie auch darauf, um was Sie bitten: Kommt der Wunsch aus Ihrer Seele oder aus Ihrem Ego? Wenn Sie sich materielle Güter wünschen, ist es unrealistisch, auf die Hilfe der Engel zu hoffen. Wenn Sie sich allerdings Reichtum wünschen, um anderen Menschen zu helfen und Sie Geld als eine Form von Energie ansehen, mit der Sie Gutes in der Welt bewirken können, dann können sich Ihre Engelgebete durchaus auch auf materielle Art bemerkbar machen …

In Meditation oder Traum können wir Kontakt zu einem Lichtwesen aufnehmen und seine heilende Kraft erfahren (Gemälde von W. Blake).

VON ENGELN TRÄUMEN

✴ Ihr Wunsch, sich Engeln im Traum zu nähern, genügt, um diese Begegnungen möglich zu machen.

✴ Bevor Sie einschlafen, sollten Sie Ihre Engel bitten, Sie heute Nacht im Traum zu besuchen. Bitten Sie sie, Ihnen die Erkenntnisse zu vermitteln, die Sie in Ihrer jetzigen Situation brauchen, um Leiden abzuwenden oder sich weiter zu entwickeln.

✴ Natürlich müssen Sie sich am nächsten Morgen an Ihre Träume erinnern. Stellen Sie den Wecker so, dass Sie nicht gleich aus dem Bett springen, sondern sich mindestens noch fünf Minuten Zeit nehmen können, um sich an Ihre Träume zu erinnern. Die Absicht, sich an seine Träume zu erinnern, und die Beschäftigung mit den Botschaften der Träume wird Ihre Erinnerung beflügeln.

✴ Führen Sie ein kleines Traumtagebuch, dann werden Ihre Träume sehr schnell besonders lebhaft und plastisch werden. Dazu brauchen Sie sich nur einige kurze Notizen zu machen, wann immer Sie sich an einen Traum erinnern.

✴ Im Traum senden die Engel ihre Botschaften in einer Bildersprache. Sie können als Lichtgestalten, aber auch als Freunde, Verwandte oder Verstorbene auftreten. Mitunter schlüpfen sie auch in die Rolle fremder Menschen, die dann sehr liebevoll und warmherzig sind.

✴ Beim Analysieren Ihrer Träume sollten Sie auf Ihre Intuition vertrauen. Sie wissen am besten, was die Engel Ihnen im Traum sagen wollten. Bedenken Sie auch, dass die Traumerscheinungen der himmlischen Boten wahrscheinlich mit Ihren aktuellen Problemen zusammenhängen werden, denn die Engel wissen sehr genau, was Sie bedrückt.

Wir können uns den Engeln auf dem Weg der Meditation nähern (Dreifaltigkeitsikone von Andreij Rubljov, um 1370).

pulse für unseren Lebensweg oder unsere Lebensaufgaben geben. Die Engel wirken dabei auf unseren Astralleib ein – dieser ist der feinstoffliche Leib unserer Gedanken- und Gefühlsausstrahlungen.

Verlieren Sie nicht die Geduld, wenn Ihr Engel Ihnen nicht gleich in der ersten Nacht erscheint. Wenn Sie es ernst meinen, wird es nicht lange dauern, bis er sich ihnen in irgendeiner Gestalt zeigen wird. Diese Gestalt muss äußerlich übrigens nichts mit dem klassischen, geflügelten Engelbild zu tun haben.

Sie [die Engel] erscheinen nicht so, wie sie sind, sondern so, wie die Sehenden sie wahrnehmen können.
JOHANNES DAMASCENUS
(um 700–750)

Die drei essenziellen Engel

In drei Engeln konzentrieren sich die essenziellen Wesensmerkmale, die allen Engeln gemeinsam sind – im Engel der Liebe, im Engel des Lichts und im Engel der Harmonie. Liebe, Licht und Harmonie sind die dominanten Engelenergien. In Visionen werden Engel immer als Wesen beschrieben, die voller Liebe, Wärme

und Mitgefühl sind. Zudem werden Engel auch immer als strahlende Geschöpfe gezeigt und nicht umsonst auch als Lichtwesen bezeichnet. Neben Liebe und Licht gibt es aber noch einen dritten Engelaspekt: Engel versuchen stets, Harmonie zu schaffen und das Gleichgewicht im und um den Menschen (wieder) herzustellen. Auf körperlicher Ebene äußert sich der Aspekt der Harmonie in absoluter Gesundheit. Wir können den Engel der Harmonie daher auch den Engel der Heilung nennen.

Sich Engeln nähern

Viele verschiedene Engel umgeben uns Menschen. Einige von ihnen tauchen manchmal »zufällig« auf, ohne dass wir etwas dazu tun müssen; gerade in schwierigen Situationen ist das nicht selten der Fall. Wir haben aber auch gesehen, dass es mehrere Möglichkeiten gibt, bewusst Kontakte zu Engeln aufzunehmen, etwa indem wir ein meditatives Bewusstsein entwickeln, unsere Träume ernst nehmen, beten oder stärker auf unsere innere Stimme lauschen.

Darüber hinaus gibt es noch eine Möglichkeit, gezielt auf Engel zuzugehen. Dazu ist es nötig, sich auf die Energie der Engel zu konzentrieren, sein Bewusstsein zu erweitern und sich der Welt der Engel durch Meditation gezielt zu nähern.

Der Engel der Liebe, der Engel des Lichts und der Engel der Harmonie spielen für die menschliche Entwicklung eine große Rolle.

Die drei essenziellen Engelmeditationen können von jedem ganz unabhängig von der jeweiligen Religionszugehörigkeit genutzt werden, und ihre Durchführung ist überaus einfach.

Vorbereitung

Entscheiden Sie sich, ob Sie sich auf den Engel der Liebe, den Engel des Lichts oder den Engel der Harmonie konzentrieren wollen.

Nehmen Sie sich für die Engelmeditation mindestens zehn Minuten Zeit. Ziehen Sie sich an einen ruhigen Ort zurück, an dem Sie ungestört sind. Legen Sie einengende Kleidung ab, oder lockern Sie diese.

Du suchst umsonst auf irrem Pfade
die Liebe dir im Drang der Welt.
Ein Wunder ist die Liebe, Gnade,
die wie der Tau vom Himmel fällt.
Sie kommt wie Nelkenduft im Winde,
sie kommt, wie durch die Nacht gelinde
aus Wolken fließt des Mondes Schein.
Da gilt kein Ringen, kein Verlangen.
In Demut magst du sie empfangen,
als kehrt' ein Engel bei dir ein.
EMANUEL GEIBEL
(1815–1884)

Setzen Sie sich auf den Boden oder auf einen Stuhl. Achten Sie darauf, dass Ihr Rücken gerade ist und dass Schultern und Gesicht entspannt sind. Lassen Sie Ihren Atem ruhig ein- und ausströmen.
In Ausnahmefällen können die Meditationen auch liegend durchgeführt werden, wenn etwa Erkrankungen das Sitzen unmöglich machen.
Lassen Sie Ihre Gedanken zur Ruhe kommen. Was immer geschehen ist, es ist vorbei und spielt jetzt keine Rolle mehr. Was immer noch kommen mag – wir wissen es nicht und es ist jetzt nicht wichtig. Beginnen Sie mit der eigentlichen Meditation erst, wenn Sie innerlich ruhig und gelassen geworden sind ...

Wann sollten Sie über den Engel der Liebe meditieren?

→ Wenn Sie Schwierigkeiten mit Ihren Mitmenschen haben.
→ Wenn Sie einsam sind.
→ Wenn es Ihnen schwer fällt, auf andere zuzugehen, und Sie Barrieren zwischen sich und anderen Menschen abbauen wollen.

→ Wenn Sie Probleme mit Ihrem Partner haben.
→ Wenn Sie andere Menschen unterstützen und ihnen das Gefühl geben wollen, für sie da zu sein.
→ Wenn Sie negative Gefühle wie Neid, Angst, Hass oder Misstrauen ablegen möchten.
→ Wenn Sie Gefühle wie Freude, Begeisterung und Mitgefühl intensiver erleben möchten.

Wann sollten Sie über den Engel des Lichts meditieren?

→ Wenn Sie in Situationen geraten, die Sie verwirren und in denen Sie nicht mehr weiter wissen.
→ Wenn Sie sich Erkenntnisse oder neue Ideen wünschen, um Probleme zu lösen oder Ihnen für die richtige Entscheidung noch der nötige Impuls fehlt.
→ Wenn dunkle Stimmungen wie Depressionen, Ängste oder auch Alltagssorgen Ihnen das Leben allzu schwer machen.
→ Wenn Sie negative Gedanken, festgefahrene Denkmuster und Grübelei aus Ihrem Bewusstsein verbannen wollen.
→ Wenn Sie Ihre Ausstrahlung verbessern möchten, um auch anderen Menschen mehr Licht und Klarheit schenken zu können.

Bei Licht besehen, verschwinden viele Probleme. Der Engel des Lichts durchstrahlt den Geist, gibt Klarheit und verhilft zu neuen Perspektiven.

Wann sollten Sie über den Engel der Harmonie meditieren?

→ Wenn Sie Ihre Gesundheit stärken und Krankheiten vermeiden wollen.
→ Wenn Sie Heilungsprozesse bei Krankheiten fördern wollen.
→ Wenn Sie es beruflich oder privat mit schwierigen Menschen zu tun haben, so dass es leicht zu Streitereien kommt.
→ Wenn Sie in Ihrem Bewusstsein Frieden, innere Ruhe und Gelassenheit einkehren lassen möchten.
→ Wenn Sie einen Heilberuf ausüben oder heilende Energien auf andere Menschen übertragen wollen.

DIE DREI ESSENZIELLEN ENGEL

Name	Hauptaufgabe	Wirkungsbereich
Engel der Liebe	Öffnet das Herzzentrum, stärkt die Fähigkeit zu lieben und Mitgefühl zu entwickeln.	Heilt die Gefühle, löst negative Emotionen auf.
Engel des Lichts	Öffnet das »dritte Auge«, durchstrahlt den Geist und ermöglicht spirituelle Erkenntnisse.	Heilt die Gedanken, löst negatives Denken auf.
Engel der Harmonie (Engel der Heilung)	Schafft Gleichgewicht im Menschen und harmonisiert die Beziehungen zwischen den Lebewesen.	Heilt den Körper, wirkt krank machenden Faktoren entgegen.

Meditation
über den Engel der Liebe

Schließen Sie die Augen. Machen Sie sich die Energie bewusst, die der Engel der Liebe verströmt. Denken Sie daran, dass der Engel der Liebe eine Qualität fördert, die jeder Mensch im Grunde besitzt – die Fähigkeit, Mitgefühl zu empfinden und andere liebevoll anzunehmen. Konzentrieren Sie sich auf Ihr Herzzentrum, das mitten in Ihrer Brust liegt und sprechen Sie innerlich folgende Sätze:

»Engel der Liebe – erfülle mein Herz. Durchdringe mich mit deiner allumfassenden Liebe. Gib mir die Kraft, deine Liebe durch mich wirken zu lassen. Hilf mir, allen Menschen mit Mitgefühl, Wärme und Zuneigung zu begegnen. Möge deine Liebe für alle Zeit mein Herz erfüllen.«

Bleiben Sie entspannt. Strengen Sie sich nicht an, sondern wiederholen Sie nur in Gedanken mehrmals die Sätze, in einer ruhigen, meditativen Weise. Sie tun Ihren Teil, indem Sie sich auf den Engel der Liebe konzentrieren.

Lassen Sie alles Weitere geschehen. Je besser es Ihnen gelingt, alle Gedanken, die nichts mit der Meditation zu tun haben, abzulegen, desto deutlicher werden Sie das Wirken des Liebesengels in Ihrer Seele spüren.

Beenden Sie die Übung, indem Sie sich beim Engel der Liebe bedanken.

Öffnen Sie dann langsam die Augen, und kehren Sie zu Ihrem Alltag zurück.

Meditation
über den Engel des Lichts

Schließen Sie die Augen. Spüren Sie die Energie, die der Engel des Lichts verströmt. Licht ist eine heilende, erleuchtende Kraft. Nicht zuletzt ist Licht auch die Essenz des menschlichen Wesens und aller Materie. Der Engel des Lichts bringt Ihnen Klarheit und ermöglicht neue Erkenntnisse. Konzentrieren Sie sich auf Ihr »drittes Auge«. Dieses Energiezentrum liegt mitten auf der Stirn, etwas oberhalb der Augenbrauen. Sprechen Sie dann innerlich folgende Sätze:

»Engel des Lichts – kehre ein in meinen Geist. Durchstrahle mein Bewusstsein mit deinem göttlichen Licht. Hilf mir, Klarheit, Wissen und Weisheit zu erlangen. Lasse deine Strahlkraft durch mich wirken und gibt mir die Kraft, sie auch auf Menschen zu übertragen, deren inneres Licht verdunkelt ist. Möge dein Licht meinen Geist für alle Zeit durchstrahlen.«

Wiederholen Sie die Sätze innerlich einige Male ganz entspannt. Sie laden den Engel des Lichts ein, alle Dunkelheit in Ihnen zu vertreiben. Je stärker Sie sich auf die heilende Macht des Lichts konzentrieren, desto deutlicher werden Sie das Wirken des Lichtengels in Ihrem Leben wahrnehmen können.

Beenden Sie die Übung, indem Sie sich beim Engel des Lichts bedanken und dann die Augen wieder öffnen.

Meditation
über den Engel der Heilung

Schließen Sie die Augen. Konzentrieren Sie sich auf die Energie, die der Engel der Harmonie ausstrahlt. Machen Sie sich bewusst, dass der Engel der Harmonie heilende Kräfte aussendet. Er gleicht Unausgewogenheiten aus. Er heilt nicht nur den Körper, sondern wirkt sich auch harmonisierend auf alle Lebensbereiche aus – auf die Partnerschaft, die sozialen Kontakte, den Beruf oder kreative Tätigkeiten. Konzentrieren Sie sich auf Ihre Leibmitte. Das körperliche Zentrum befindet sich zwei bis drei Fingerbreit unterhalb des Nabels in der Mitte des Unterleibs. Sprechen Sie innerlich folgende Sätze:

»Engel der Harmonie – kehre ein in meinen Leib. Erfülle meinen ganzen Körper mit deiner heilenden Energie. Lasse deine Harmonie in allen Bereichen meines Lebens wirken, und hilf mir, durch deine Kraft auch auf andere Menschen harmonisierend und Frieden stiftend einzuwirken. Möge deine heilende Kraft alle Zellen meines Leibes allezeit durchpulsen.«

Ruhen Sie entspannt in Ihrer Leibmitte, und wiederholen Sie die Sätze immer wieder in einer ruhigen, meditativen Weise. Versuchen Sie zu erspüren, wie wohl tuend und heilsam die Energie des Engels der Harmonie in Ihrem ganzen Organismus wirkt.

Bewahren Sie Geduld, wenn gesundheitliche Probleme sich nicht von einem Tag auf den anderen lösen; beobachten Sie andererseits alle positiven Veränderungen in Körper, Seele und Geist.

Vergessen Sie nicht, sich beim Engel der Harmonie zu bedanken. Kehren Sie in den Alltag zurück, indem Sie die Augen langsam öffnen.

Die Macht des Schutzengels

Die meisten Menschen glauben an Schutzengel. Jeder von uns hatte schon mindestens einmal in seinem Leben das Gefühl, dass sein unglaubliches Glück nur seinem Schutzengel zu verdanken sei. Sicher haben auch Sie schon viele kritische Situationen erlebt, die Gott sei Dank noch einmal gut ausgegangen sind. Vielleicht haben Sie eine schwierige Operation gut überstanden, einen Autounfall überlebt, oder Sie haben einen Zug verpasst, von dem Sie

Er beschirmt dich mit seinen Flügeln, unter seinen Schwingen findest du Zuflucht, Schild und Schutz ist dir seine Treue.
(Ps. 91, 4)

später gelesen haben, dass er entgleist ist. Menschen berichten sehr häufig von solchen »merkwürdigen Zufällen«, die glücklicherweise nicht immer so dramatisch ablaufen. Die Unterstützung der Schutzengel ist immer dann im Spiel, wenn wir Glück gehabt haben. Zum Beispiel, wenn wir eine Prüfung bestanden

oder im richtigen Moment den richtigen Menschen getroffen haben, der uns geholfen hat.

Schutz und Schirm

Zu allen Zeiten und in allen Kulturen wurden Schutzgeister verehrt. Der katholische Katechismus verkündet die Lehre vom Schutzengel. Schon der heilige Basilius, ein bedeutender Kirchenlehrer, war der Auffassung, dass jedem gläubigen Menschen ein Schutzengel zur Seite steht. Allerdings wirken die Schutzengel unabhängig von Glaube, Alter, Religionszugehörigkeit oder Hautfarbe, und wir können davon ausgehen, dass jeder Mensch auf Erden seinen persönlichen Schutzengel hat. Jesus erwähnt die Schutzengel indirekt, wenn er über die Kinder spricht, die von Engeln behütet werden. Kinder haben oft noch einen sehr intensiven Kontakt zu ihrem Schutzengel. Sie erzählen, dass sie mit ihm spielen oder wie mit einem Freund oder einer Freundin sprechen können. Kinder spüren oft sogar die Berührung ihres Schutzengels – etwa als das Gefühl, an die Hand genommen und geführt zu werden. Doch natürlich sollten nicht nur Kinder auf

Wenn Sie das Gefühl haben, in einer gefährlichen Situation noch einmal entkommen zu sein, dann hat ihr Schutzengel sie behütet.

»Hütet euch davor, einen von diesen Kleinen zu verachten! Denn ich sage euch: Ihre Engel im Himmel sehen stets das Angesicht meines himmlischen Vaters.«
(Mt. 18,10)

die bergende und tröstende Macht ihres Schutzengels vertrauen. Schutzengel sind auch für erwachsene Menschen da! Bedenken Sie einmal, wie gefährlich das Leben ist. Jedes Mal, wenn Sie in ein Auto oder Flugzeug steigen oder über die Straße gehen, laufen Sie Gefahr, dass es Ihr letztes Mal sein könnte. Und doch kommen Sie immer wieder gesund nach Hause zurück. Die Welt ist voller Viren und Bakterien, die Ihnen in jedem Moment den sicheren Tod bringen würden, würde Ihr Immunsystem nicht funktionieren. Was aber ist dieses geheimnisvolle Immunsystem, dieser »innere Arzt«, der Erkrankungen verhindert und die Heilung ermöglicht? Es ist der körperliche Ausdruck einer höheren Macht, die Sie jederzeit schützt. Das Immunsystem ist nichts anderes als ein Instrument Ihres Schutzengels!

In unserer Zeit ist es wichtig, unsere Schutzengel wieder zu entdecken: Der Glaube an die Engel vertreibt das Dunkel.

Nicht alles gelingt im Leben. Dass jeder Mensch sich aus düsteren Stimmungen befreien kann, verdankt er seinen Engeln.

Der Schutzengel wirkt natürlich nicht nur im Körper. Er kann auch Ihre Gefühle als Instrument benutzen – etwa das Gefühl, eine Reise lieber nicht anzutreten oder einen anderen Heimweg als sonst einzuschlagen. Nicht umsonst berichtet auch Martin Luther von Engeln:

»Dass du aber noch lebest,
sollst du dem Schutz
und Schirm der heiligen Engel
zusprechen.«
MARTIN LUTHER (1483 – 1546)

Dem Schutzengel Flügel verleihen

Im letzten Kapitel haben wir uns mit den drei essenziellen Engeln befasst. Zu diesen Engeln – dem Engel der Liebe, dem Engel des Lichts und dem Engel der Harmonie – können Sie direkten Kontakt aufnehmen. Mit dem Schutzengel ist das sehr viel schwieriger. Auf ihn trifft der Satz Martin Bubers besonders gut zu, der besagt, dass Engel schwer zu fassen sind. Tatsächlich erkennen wir den Schutzengel nie direkt, sondern immer nur an seinen Auswirkungen. Was können Sie tun, um ihn dennoch in seinem Wirken zu unterstützen? Dazu gibt es nur eine Möglichkeit: Vertrauen Sie ihm!

Auf Engelshilfe vertrauen

Vertrauen ist der Schlüssel. Der Schutzengel kann sämtliche Übel von den Menschen abwenden, doch seine Grenzen liegen dort, wo jemand nicht bereit ist, sich wirklich auf ihn zu verlassen. Wie sollte man auch jemanden unterstützen, der sich nicht helfen lassen will? Wenn Sie genau beobachten, können Sie

die unglaublichen Wirkungen des Vertrauens im Alltag erkennen. Menschen, die voller Zuversicht und Vertrauen sind, erreichen sehr viel leichter ihre Ziele als Pessimisten und ängstliche Menschen, die das Unheil herbeiziehen. Wer sich zutiefst auf seinen Schutzengel verlässt ...

➦ wird jede große Reise unbeschadet überstehen.

➦ braucht keine Angst vor Einbrechern zu haben.

➦ kann nachts allein durch dunkle Straßen gehen.

➦ wird beim Strandspaziergang nicht in Glassplitter treten.

➦ bleibt von der Grippewelle verschont.

»Einen Engel erkennt man
immer erst, wenn er
vorübergegangen ist.«
MARTIN BUBER (1878 – 1965)

Eigene Verantwortung

Natürlich sollten wir nicht leichtsinnig werden. Sicher kennen Sie den Satz: »Fahre nicht schneller, als dein Schutzengel fliegen kann.« In der Tat sollten wir die Möglichkeiten unserer Engel nicht überstrapazieren. Letztendlich können Engel den Willen der Menschen nicht ändern, und so trägt jeder auch für sich

selbst Verantwortung. Auf der anderen Seite sind Ängstlichkeit, Misstrauen und Pessimismus die sichersten Mittel, um das Wirken der Schutzengel zu behindern.

Gott schickt seine Engel

Welchen Grund könnte Gott haben, seine Schutzengel auszusenden, wenn nicht den, die Menschen zu behüten und sie sicher durchs Leben zu führen? Vertrauen wir also auf die göttliche Weisheit. Wer glaubt, er könnte sich in dieser Welt durch Macht, Geld oder Stellung absichern, irrt sich. Aus eigener Kraft kann der Mensch nur wenig für sein Wohlergehen tun. Krankheiten, Kriege oder Schicksalsschläge können die vermeintliche Sicherheit von heute auf morgen zerschlagen.

Der Erzengel Gabriel kam als Bote Gottes zu Maria; auch uns schickt Gott seine himmlischen Gesandten (Gemälde von Sir Edward Burne-Jones).

Von Engeln geleitet fährt der Religionsstifter Mohammed auf dieser persischen Miniatur aus dem 16. Jahrhundert in den Himmel auf.

Die Welt ist der falsche Ort, um Stabilität zu erlangen. Geborgenheit, Schutz und Kraft finden wir nur in den himmlischen Reichen und bei unseren Engeln. Auch auf dem letzten Weg begleiten uns Engel. Die Sterbeforscherin Dr. Elisabeth Kübler-Ross weist auf die Existenz von Schutzengeln hin (siehe Zitat im neben stehenden Text).

Engelhilfe in Notzeiten

Es gibt bestimmte Phasen im Leben, in denen die Engel für uns besonders wichtig werden. So lange es uns einigermaßen gut geht, denken wir

> *Denn er befiehlt*
> *seinen Engeln, dich zu behüten*
> *auf all deinen Wegen ...*
> (Ps. 91, 11)

selten an unsere himmlischen Begleiter und Beschützer. Doch in Krisen – wenn wir krank werden, einen geliebten Menschen verlieren oder plötzlich vor einem unerwarteten Problem stehen – neigen wir eher dazu, in uns zu gehen und unsere Schutzengel auf den Plan zu rufen. Interessanterweise decken sich die Aussagen des christlichen, jüdischen und islamischen Glaubens mit den Visionen vieler Heiliger und Sensitiver aller Zeiten: Sie besagen, dass Engel den Menschen vor allem in schwierigen Zeiten mit ihrer Hilfe beistehen. Wenn in unserem Leben »alle Stricke reißen«, schickt Gott seine Engel, um uns Trost, Schutz und Hilfe anzubieten. Es ist also kein Zufall, dass Engelerfahrungen so oft in dunklen Augenblicken stattfinden. Zögern Sie nicht, Ihre Engel zu Hilfe zu rufen, wenn Sie einmal in Not kommen. Öffnen Sie sich, meditieren Sie oder beten Sie, wenn Schicksalsschläge Sie

belasten. Wenn Sie sich auf die erlösende Macht der Engel konzentrieren, werden Sie mit Sicherheit einige Wunder erleben ...

Formulieren Sie ein einfaches Gebet an Ihren Schutzengel. So ein Gebet könnte beispielsweise lauten: »Lieber Schutzengel, schicke mir in dieser schwierigen Zeit Kraft und Zuversicht, und hilf mir, dass ich meine Hoffnung nicht verliere.«

Sie können ganz spontan ein Gebet sprechen, das Sie mit Ihren eigenen Worten formulieren. Sie können aber auch traditionelle Engelgebete wie

> *»Die Kirchen haben sie »Schutzengel«*
> *genannt, die Forscher sprechen eher*
> *von »Geistwesen«.*
> *Die Bezeichnung, die wir ihnen geben,*
> *ist nicht wichtig. Wichtig ist es aber,*
> *zu wissen, dass jeder Mensch vom er-*
> *sten Atemzug an bis zu dem Moment,*
> *wo seine physische Existenz endet und*
> *er zur Verwandlung überschreitet, von*
> *geistigen Führern und Schutzengeln*
> *begleitet wird.«*
> ELISABETH KÜBLER-ROSS

etwa das folgende deutsche Gebet aus dem 17. Jahrhundert benutzen: »Oh Engel rein, oh Schützer mein, du führest meine Seele.
Lass mich dir anbefohlen sein, dass ich vor Gott nicht fehle!
An hellem Tag, in dunkler Nacht, dein Licht in mir lass scheinen!
Halt über mich getreue Wacht, und richt mein Herz nach deinem!
Natürlich können Sie auch über einen der drei essenziellen Engel – den Liebesengel, den Lichtengel oder den Engel der Harmonie meditieren, wie auf den Seiten 77 bis 81 beschrieben. Wichtig ist nur, dass Sie sich gerade in schweren Zeiten auf Ihre Engel besinnen.

In der stillen Natur, ohne Lärm und spektakuläre Landschaften, lässt sich am besten über den Engel der Harmonie meditieren.

Kinder sind für zauberhafte Stimmungen in der Natur empfänglich. Sie spüren noch die verborgenen Kräfte des Himmels und der Erde.

Denken Sie daran: Sie sind nie allein! Wenn Sie tief in sich hineinspüren und versuchen, allen Belastungen zum Trotz Ruhe und Heiterkeit zu bewahren, werden Sie das Wirken der Engel in sich fühlen. Auf diese Weise wird es sehr viel einfacher für Sie, Krisen mit heiler Haut zu überstehen.

Unseren Liebsten Engel schicken

Warum sollten wir die enormen Energien der Engel nur für uns allein nutzen? Wir können die Himmelsboten auch bitten, anderen Menschen zu helfen. Auf diese Weise können wir dazu beitragen, dass Menschen, die selbst überhaupt nicht an Engel glauben, trotzdem Schutz und Hilfe erfahren.

Um Schutz für andere bitten

Es gibt viele Gelegenheiten, um »Engel zu verschicken«. Vielleicht unternimmt eine gute Freundin eine Fernreise, und Sie wissen, dass sie in einem gefährlichen Land unterwegs

sein wird. Vielleicht hat Ihr Partner ein Bewerbungsgespräch vor sich, bei dem viel für ihn auf dem Spiel steht. Vielleicht ist Ihr Kind krank, oder es stehen Prüfungen in der Schule an, vor denen es sich fürchtet. Möglicherweise muss ein Verwandter operiert werden, und niemand weiß, ob er die Operation gut überstehen wird …

Die Mitmenschen unterstützen

Es gibt viele Situationen, in denen die Hilfe der Engel notwendig wird, denn schließlich muss jeder Mensch einmal schwierige Zeiten überstehen. Wenn Sie Ihren Liebsten Engel schicken wollen, sollten Sie folgendermaßen vorgehen:
➤ Erkennen Sie günstige Gelegenheiten, anderen zu helfen. Der erste Schritt liegt darin, dass Sie sich wünschen, jemandem zu helfen, der Hilfe gut gebrauchen kann.
➤ Bitten Sie die Engel, diesen Menschen zu unterstützen. Sie können ein Gebet sprechen oder die Bitte ganz still in Ihrem Herzen tragen.
➤ Nachdem Sie Ihr Gebet gesprochen oder Engel in einer Meditation

gebeten haben, einzugreifen, sollten Sie sich völlig zurückziehen. Machen Sie sich bewusst, dass Sie selbst nichts tun können. Überlassen Sie es den Engeln, zu helfen, und versuchen Sie, alle Sorgen um den anderen Menschen loszulassen – wie schlecht es ihm auch gehen mag. Durch Ihre Sorgen machen Sie es den Engeln nur schwerer, heilsam einzuwirken.
➤ Bewahren Sie Geduld, und bedanken Sie sich bei den Engeln, wenn Sie das Gefühl haben, dass Ihr Gebet erhört wurde.

Kinder lieben Engel

Ihr Glaube an die Engel kann indirekt auch anderen Menschen helfen. Vor allem, wenn Sie Kinder haben, sollten Sie ihnen etwas über die Engel erzählen. Kinder sind meist sehr offen. Sie haben Augen, mit denen sie die »Wirklichkeit hinter der Wirklichkeit« oft besser sehen können als viele Erwachsene, die in den Problemen des Alltags gefangen sind.
Beten Sie mit Ihren Kindern, wenn es Probleme gibt. Sie können Ihren Kindern Geschichten und Märchen über Engel und Feen erzählen oder auch gemeinsam beten – beispielsweise in Form eines Gute-Nacht-Gebets.

GOTTES SEGEN
Das Kind ruht aus vom Spielen,
Am Fenster rauscht die Nacht,
Die Engel Gotts im Kühlen
Getreulich halten Wacht.

Am Bettlein still sie stehen,
Der Morgen graut noch kaum.
Sie küssen's, eh sie gehen,
Das Kindlein lacht im Traum.

JOSEPH VON EICHENDORFF
(1788–1857)

Meditation
über den Schutzengel

Schließen Sie die Augen und lassen Sie Ihre Gedanken zur Ruhe kommen. Geben Sie sich dem Gefühl hin, dass Sie von Ihrem Schutzengel, Ihrem unsichtbaren Begleiter sicher geschützt werden. Versuchen Sie die Sicherheit, die Ihnen Ihr Schutzengel gibt, zu visualisieren, beispielsweise als Mauer aus Licht um Sie herum, die alle dunklen Kräfte fernhält. Erwecken Sie in sich das Gefühl der Freude darüber, dass Sie stets von einem mächtigen, hilfreichen Freund begleitet werden und niemals in Ihren Sorgen, Nöten, Ängsten und Gefahren allein sind. Öffnen Sie Ihr Herz und sprechen Sie innerlich folgende Sätze:

»Mein Schutzengel, mein hilfreicher Freund – ich weiß um dich und danke dir für deinen Schutz und deine Hilfe. Ich danke dir für alle Gefahren, die ich mit deiner Hilfe glücklich überstanden habe. Ich danke dir für alle Krankheiten, die du von mir abgewandt hast. Ich öffne dir mein Herz und meine Seele und lasse dich hinein. Ich schenke dir all mein Vertrauen. Ich weiß, du stehst zu mir. Ich weiß, du stehst bei mir. Ich danke dir.«

Bleiben Sie bei dem Gefühl der Freude, der Dankbarkeit und Sicherheit und wiederholen Sie die Sätze immer wieder. Spüren Sie, wie das Vertrauen in Ihren Schutzengel seine Kraft und Ausstrahlung erhöht. Genießen Sie das Gefühl der sicheren Geborgenheit.

Beenden Sie die Meditation, indem Sie sich nochmals bei Ihrem Schutzengel bedanken und ihm nochmal Ihr Vertrauen versichern.

Öffnen Sie dann langsam die Augen und kehren Sie in den Alltag zurück – gestärkt durch das Gefühl des Schutzes durch Ihren unsichtbaren Freund, Ihren Schutzengel.

Engel- und Feen-Lexikon

Die Zahl der Engel und Naturgeister übersteigt unser Vorstellungsvermögen, und ebensoviele Namen und Begriffe für Lichtwesen gibt es. Das folgende Lexikon stellt die wichtigsten Wesen aus der vielfältigen Welt der Engel und Naturgeister vor.

Wüste, Wolken, Wind und Wasser – besonders in grandiosen Landschaften spüren wir die unmittelbare Nähe der Naturgeister.

Alfar/Alfen Nordische Bezeichnung für Elfen, die die Nähe der Menschen suchen, jedoch mit Vorsicht zu behandeln sind. Werden sie gereizt, können sie Krankheiten schicken. Die Alfen werden, je nachdem, wo sie wohnen, als Dunkel- oder Lichtalfen bezeichnet.

Alven Niederländische Feen, die vor allem in Flüssen und anderen Gewässern leben. Alven sind unsichtbar und werden nur nachts aktiv. Alven sollen zum Teil auch in den so genannten Alvinnenhügeln, kleinen Erdhaufen, leben.

Apokryphen Texte der Bibel, die nicht in den Kanon der Schriften des Alten und des Neuen Testaments aufgenommen worden sind.

Apsaras Indische Nymphen (das Sanskrit-Wort »Apsara« bedeutet »auf dem Wasser Gehende«), die meist mit einer Lotosblume in der Hand dargestellt werden. Apsaras vertreten das Wasserelement. Sie sind gute Tänzerinnen und für ihre Verführungskünste bekannt.

Ariel Sein Name ist hebräisch und bedeutet »Feuerherd Gottes«. In der Kabbala wird Ariel als Wasserengel beschrieben, in Fabeln ist er ein Luftgeist, der schelmisch sein kann, wie beispielsweise in William Shakespeares Drama »Der Sturm«.

Asrai Kleine, weibliche Wasserfeen, die sich in eine Wasserpfütze verwandeln, sobald sie direktem Sonnenlicht ausgesetzt sind.

Asuras In den Veden – den religiösen Schriften der Inder – sind die Asuras negative, zerstörerische Kräfte in Gestalt von Dämonen, die gegen die Devas kämpfen.

Cherubim Engel mit menschlichem Haupt und einem Tierkörper, die nach den Seraphim die zweithöchste Gruppe unter den neun Klassen von Engeln bilden.

Die indische Mythologie kennt eine unüberschaubare Zahl an Naturgeistern (Darstellung einer Apsara auf einem Relief in Rajasthan).

Dames vertes/Dames blanches Liebliche Feen, die vor allem in den Wäldern des Jura leben. Ihr Name bedeutet »grüne« bzw. »weiße« Feen. Die Dames vertes bzw. blanches setzen ihre schützenden Feenkräfte gern ein, um von ihnen auserwählte Familien zu bewachen. Manchmal führen sie jedoch auch einsame Wanderer in die Irre.

Demeter Die Tochter des Saturn und der Rhea gehört zu den zwölf Hauptgottheiten der griechischen Mythologie und ist die Göttin des Ackerbaus und Beschützerin des Getreides und der Ernte. Bei den Römern heißt sie Ceres. Demeter/Ceres erhält alles Leben und vertritt das Element Erde. Ihr Attribut ist der Ährenkranz.

Devas Überbegriff für viele Arten von Naturgeistern im Buddhismus und Hinduismus (Sanskrit »Devas« = Himmelsgeister, Himmlische Wesen). Die Devas werden teilweise mit Feen, teilweise aber auch mit Engeln gleichgesetzt. Ihre Gegenspieler sind die dämonischen Asuras.

Doris Tochter des Okeanos und der Tethys, Gattin des Nereus, Mutter der Nereiden.

Dryaden Waldnymphen der griechischen Mythologie. Die Dryaden werden als junge, schöne Mädchen beschrieben, die weiße oder grüne Kleider tragen und die Bäume über alles lieben. Sie leben lange und altern nicht, sterben aber mit ihren Bäumen.

Ea Babylonischer Wassergott, Schirmherr der Magie und Herr der Weisheit. Ea repräsentiert das Wasser und wurde meist mit Ziegenkörper und Fischschwanz dargestellt.

Elfen Die auch als Elben, Alben oder Alfen bezeichneten weiblichen Naturgeister schützen vor allem Blumen und andere Pflanzen.
Der Begriff Elfe leitet sich aus dem englischen »elf« und dem nordischen »alf« ab. Nach der germanischen und keltischen Sagenüberlieferung sind die Elfen mit außerordentlicher Schönheit und übernatürlichen Fähigkeiten ausgestattet.

Ein zauberhaftes »Elfenfest« hat der Maler John Anster Fitzgerald im 19. Jahrhundert dargestellt.

Elementargeister Aus dem Mittelalter stammende Zuordnung der Geistwesen zu den vier Elementen. Salamander symbolisieren das Feuer, Meerjungfrauen und Undinen das Wasser, Sylphen die Luft und Zwerge, Gnome und Trolle die Erde.

Ellefolk Bezeichnung für schwedische, dänische und norwegische Feen. Das Ellefolk lebt in Hügellandschaften, aber auch an Flüssen und in Sümpfen.

Engel Die Bezeichnung Engel leitet sich aus dem griechischen »angelos« (= Bote) ab. Engel sind Lichtwesen, die göttliche Botschaften übermitteln. Sie sind in Hierarchien geordnet. Die Himmelsboten ermöglichen dem Menschen, Kontakt zur göttlichen Sphäre aufzunehmen, und sie wirken schützend, heilend und inspirierend.

Elohim In der Kabbala die siebenfache Erscheinung der Gottheit. Elohim sind Hüter des göttlichen Lichtes bzw. Planetengeister, die das Sonnensystem steuern und in den Lauf der Welt eingreifen können.

Erzengel In der christlichen Mythologie sind Michael, Gabriel, Rafael und Uriel sowie Jophiel, Zadkiel und Samael die den sieben Himmelssphären zugeordneten Erzengel. Im Islam ist von den vier Erzengeln, nämlich Gabriel, Michael, Azrael und Israfel die Rede.
In der durch die Kabbala repräsentierten jüdischen Mystik heißen die Erzengel Metatron, Raziel, Tzaphqiel, Tzadqiel, Khamael, Rafael, Haniel, Michael, Gabriel und Sandalphon; diese entsprechen den zehn Emanationen im Baum des Lebens.

Fee Der Name ist aus dem Französischen (»fée« = Fee, Zauberin) übernommen und taucht bei uns erst ab dem 18. Jahrhundert auf. Die Quelle des französischen Wortes finden wir

Wer die Elfen bei Tanz und Gesang belauscht, wird bestraft, sagt der Volksmund (»Elfentanz«, Camille Carot, um 1860/65).

im lateinischen »fatum« (= Schicksal) und »Fata« (= Schicksalsgöttin). Die Bezeichnung Fee wird meist als Überbegriff für unterschiedlichste, meist jedoch weibliche, jugendliche Naturgeister verwendet.

Follets Französische Kobolde, die zum Teil über die gleichen Zauberkräfte und wundersamen Fähigkeiten wie Feen verfügen.

In der überwältigenden Majestät des Himmelsfürsten wird der Erzengel Gabriel auf dieser Ikone aus Ohrid gezeigt.

Gabriel Einer der Erzengel; sein Name bedeutet »Macht Gottes« (vom hebräischen »Gavri-El«). Gabriel verkündet gute Botschaften und ist der Mondenergie zugeordnet.

Gaia Erdgöttin der griechischen Mythologie. Gaia zeugte mit ihrem Sohn Uranus die zwölf Titanen.

»Rumpelstilzchen« aus dem gleichnamigen Märchen besaß als Erdgeist die Fähigkeit, Stroh zu Gold zu spinnen (Illustration von A. Rackham).

Sie galt als Spenderin allen Lebens. Gaia, die auch als Ge bekannt ist, vertritt das Element Erde.

Gnome Kleine, männliche Naturgeister, die unter der Erde leben. Ebenso wie Zwerge und Kobolde, mit denen sie meist gleichgesetzt werden, repräsentieren sie das Erdelement.

Hephaistos Griechischer Gott des Feuers, Sohn des Zeus und der Hera. Wird oft mit Vulcanus, dem römischen Feuergott, gleichgesetzt.

Holle/Holda Die in Mitteldeutschland bekannte Fee unterstützt die Fleißigen und straft die Faulen. Holda hat Elben im Gefolge, die nach ihr die »guten Holden« heißen. Holle (die auch als Holda oder Hulda be-

Frau Holle lässt im gleichnamigen Märchen ihre Kissen von der fleißigen Marie ausschütteln. Faulheit bestraft die Fee böse.

kannt ist), vertritt das Wasserelement: Sie wohnt gern in Seen, Brunnen oder Teichen. Außerdem kann sie wunderschön singen.

Högfolk Das Högfolk (»Hügelvolk«) ist ein skandinavisches Feenvolk, das mit Vorliebe in den Hügellandschaften Nordeuropas lebt und für seinen lieblichen Gesang bekannt ist. Das Högfolk entspricht dem norwegischen Huldrafolk.

Iris Griechische Göttin des Regenbogens. Iris wird als schöne junge Frau mit Flügeln und einem Heiligenschein dargestellt. Sie vertritt das Luftelement. Als Götterbotin überbringt sie den Menschen Befehle. Wenn sie schnell wie der Wind von einem Ende der Erde zum anderen reist, zieht sie am Himmel einen Regenbogen hinter sich her.

Der temperamentvolle Hephaistos ist der griechische Gott des Elements Feuer und der Schmiedekunst (Ionische Vasenmalerei).

Juno Griechisch/römische Göttin, (griechisch: Hera), Tochter des Saturnus und der Rhea, Schwester und Gemahlin Jupiters (Zeus), Mutter des Vulcanus (Hephaistos). Himmelskönigin, Schützerin der Ehe.

Jupiter Griechisch Zeus, Bruder und Gemahl der Juno, Herrscher über Himmel und Erde. Seine Brüder sind

Neptun, der Beherrscher des Meeres und der Gewässer, und Pluto, der Gott der Unterwelt.

Kabbala Esoterische Richtung des Judaismus, die den Sinn der Welt und den Aufbau des Himmels anhand von Zahlenverhältnissen und Buchstabendeutung erklärt. Mit ihrer Hilfe findet der Mensch den Weg zurück ins Paradies.

Leprechaunes Im irischen Volksglauben die Bezeichnung für Zwerge, Kobolde oder Elfen, die unter der Erde leben, also zu den Erdgeistern zählen, und in geheimen Höhlen versteckte Schätze hüten.

Lilith Nach jüdischer Tradition die erste Frau Adams. Lilith personifiziert das Böse und die Dunkelheit (»Lilith« = Nachtgespenst) und gilt als rachsüchtig. Als »Dämonin der Nacht« wird sie auch für das Kindbettfieber verantwortlich gemacht. Lilith entspricht »Lilithu«, dem Dämon der babylonischen Mythologie. Lilith wird mit dem Luftelement in Verbindung gebracht.

Loki In der nordischen Mythologie der Gott des Feuers. Als Bruder Odins gehörte er zur großen Götterdreiheit. Odin repräsentiert das Element Luft, Ägir-Hönir das Element Wasser und Loki das Feuerelement.

Luzifer Ursprünglich war Luzifer (»der Lichtbringer«) der schönste und strahlendste Erzengel, doch aufgrund seines Hochmuts fiel er in Ungnade und stürzte aus dem Himmel. Seither personifiziert Luzifer, der gefallene Engel, der auch als Satan, Teufel oder Fürst der Finsternis bekannt ist, das Böse.

Malaika »Engel« des Islam, die im Koran beschrieben werden.

Michael Einer der Erzengel. Sein Name bedeutet »Wer ist wie Gott« (aus dem hebräischen Mikha-el). Michael ist dem Feuerelement zugeordnet und kämpft gegen das Böse. Oft wird er mit einem Drachen dargestellt. Er besiegt dieses Sinnbild des Bösen, der Drache liegt von einem Speer durchbohrt zu seinen Füßen.

Auf dieser russischen Ikone aus dem 19. Jahrhundert reitet der das Böse vertreibende Erzengel Michael posauneblasend übers Land.

Morgane Häufiger Name für englische und französische Feen. In der Artussage spielt die ursprünglich keltische Fee eine große Rolle.

Najaden In der griechischen Mythologie Bezeichnung für Fluss-, Bach- und Quellnymphen. Die Najaden sind den Menschen freundlich gesinnt. Sie haben Heilkräfte, gewähren Fruchtbarkeit und besitzen die Gabe der Weissagung.

Naturgeister Oberbegriff für alle Lichtwesen der Natur. Zu den Naturgeistern zählen Elfen, Feen und alle Elementargeister.

Nereiden Wassernymphen der griechischen Mythologie. Die Nereiden sind die Töchter des Nereus.

Nixen Meist weibliche, schöne Geister des Elements Wasser. Sie tauchen im nordeuropäischen Volksglauben

auf (aus dem althochdeutschen »nicchessa« = Wasserfrau). Wasserfeen gelten als fröhlich und verspielt. Nixen werden mit langen blonden Haaren dargestellt und nehmen gern Kontakt zu den Menschen auf.

Nymphen Naturgeister der griechischen Mythologie. Die Bezeichnung Nymphe (altgriechisch = Braut oder Mädchen) wurde später von den Römern übernommen und auf ihre Feen übertragen.
Nymphen leben beispielsweise in der Nähe von Bäumen (Dryaden), im Meer (Okeaniden, Nereiden), in den Bergen (Oreaden) oder in fließenden Gewässern (Najaden).
Darüber hinaus werden auch Tal- und Wiesennymphen erwähnt. Nymphen lieben den Tanz und die Musik. In der Antike opferte man ihnen Milch, Öl und Lämmer.

So verführerisch stellte Friedrich de la Motte-Fouqué Undine dar, die er auch in seiner gleichnamigen Erzählung beschrieb.

Odin Götterkönig der germanischen Mythologie. Odin, der auch Wotan genannt wird (altnordisch = Odin, angelsächsisch = Woden, althochdeutsch = Wodan), herrscht über die anderen Götter.
Odin ist der Gott des Krieges, gilt aber auch als Allvater und Gott der Magie und der Weisheit. Odin vertritt das Luftelement.

Pan Griechischer Wald- und Hirtengott mit Hörnern und Bocksfüßen.

Untrennbar mit dem arkadischen Griechenland ist Hirtengott Pan verbunden (»Flöte spielender Pan«, Mariano Mercury, 1868).

Poseidon Griechischer Gott des Meeres, der über alle Gewässer herrscht. Poseidon lebt in seinem Palast in der Tiefe des Meeres. Er repräsentiert das Wasserelement und entspricht dem römischen Meeresgott Neptun.

Rafael Einer der Erzengel. Sein Name bedeutet »Gott heilt« (vom hebräischen »Rafa-el«). Rafael ist der Heilbringer und Engel der Sonne.

Re(Ra) Ägyptischer Sonnengott. Er vertritt das Element Feuer.

Salamander Geist des Feuerelements, der inmitten der Flammen lebt und sich von Feuer ernährt. Ebenso wie die Undinen, Sylphen und Gnomen gehören die Salamander zu den von Paracelsus beschriebenen Elementargeistern.

Satyrn Lebenslustige, trinkfreudige Wald- und Berggeister der griechischen Mythologie, meist mit Hörnern, Schwänzen und Ziegenbeinen dargestellt.

Satan Der Fürst der Hölle, der Teufel, der ehemalige Erzengel Luzifer. Engel, die sich ihm angeschlossen haben, werden Dämonen genannt.

Selkies/Selkien Wasserfeen im Volksglauben der Orkney- und Shetlandinselbewohner. Die Selkies tragen ein Seehundfell, um besser durch das Wasser schwimmen zu können. Legen sie ihre Haut ab, können sie zu wunderschönen Frauen werden.

Seraphim Engel mit sechs Flügeln, mit deren zwei sie durch den Äther schweben, während die anderen Kopf und Füße verbergen. Sie bilden die die höchste Stufe in der Hierarchie der Engel. Sie werden daher auch »die Feurigen« oder »die Brennenden« genannt. Der Name leitet sich aus dem hebräischen »saraph« (= brennen) ab. Die Seraphim umgeben den Thron Gottes und symbolisieren Licht, Liebe, Leidenschaft und Reinheit.

Skogsra Schwedische Feen, die die Kräfte der Natur beherrschen und die Jäger und Förster beschützen. Skora leben in Berghöhlen, können sich in Bäume oder bestimmte Tiere verwandeln.

Sylphen Bezeichnung für Elementargeister der Luft, wie etwa Ariel oder Oberon. Der Begriff wurde durch Paracelsus geprägt. Sylphen leben in

Undinen, die weiblichen Wassergeister, treten als schöne Frauen oder auch in Gestalt von zarten Seepferdchen mit Frauengesichtern auf.

den Wolken und im Wind. Sie sind überaus zartgliedrig, ihre Gestalten bestehen aus den reinsten unkörperlichen Stoffen. Sie können auf den Sonnenstrahlen dahinschweben und vielerlei Gestalten annehmen, von der Mücke bis zu einem wunderschönen menschlichen Wesen. Außerdem verfügen Sie über gewaltige Zauberkräfte.

Oberon ist neben Ariel einer der Elementargeister der Luft. Ihn hat William Shakespeare im »Sommernachtstraum« verewigt.

Trolle Elementargeister, die in Erdhügeln oder Berghöhlen leben und das Element Erde repräsentieren. Trolle können in Gestalt von Riesen oder von Zwergen auftreten. Trolle verlassen ihre Wohnungen nur nachts und werden in nordischen Sagen und Märchen als sehr gefährlich beschrieben.

Undinen Elementare weibliche Wassergeister, oft als Seepferdchen mit menschlichem Gesicht oder schöne Frauen beschrieben.

Uriel Einer der sieben Erzengel. Sein Name bedeutet »Feuer Gottes« oder »Gott ist mein Licht« und kommt aus dem Hebräischen.
Uriel ist der Engel der Prophezeiung und Offenbarung. Uriel ist dem Element Erde zugeordnet.

Wichtelmännchen Naturgeister wie Elfen oder Zwerge. Sie leben im Berg und bewachen Schätze. Den Menschen sind sie im Allgemeinen wohl gesonnen.

Wilde Frauen In Böhmen, Slowenien und Polen werden bestimmte Feenfamilien als Wilde Frauen bezeichnet. Diese schönen, anmutigen Feen leben in Höhlen und verbringen ihre Zeit mit Spinnen und Weben. Die Wilden Frauen sind den Menschen wohlgesonnen.
Sie beherrschen die geheimen Kräfte der Natur, können das Wetter beeinflussen und fertigen pflanzliche Salben an, durch die sie sich unsichtbar machen können.

Zwerge sind wie Gnome und Kobolde Erdgeister. Sie sind meist klein, von bizarrer Gestalt und menschenähnlich. Oft verfügen sie über gewaltige Kräfte, wie die vier Zwerge, die in der nordischen Mythologie das Himmelsgewölbe tragen. Sie fertigen Waffen und beherrschen die Metallverarbeitung vorzüglich.
Zwerge leben im Dunklen, denn in der Sonne erstarren sie zu Stein. Zwerge sind den Menschen in der Regel wohl gesonnen und helfen Ihnen oft bei der Arbeit.

Im 19. Jahrhundert wurden aus den mächtigen Zwergen die harmlosen Wichtel; noch heute sind sie Zierde in manchen Vorgärten.

Für Rahel, die aus dem Licht kam

Danksagung

Ohne die inspirierende Hilfe meiner Freundinnen und Freunde aus der Menschen-, Feen- und Engelwelt wäre dieses Buch wohl nie zu Stande gekommen. Ich danke ihnen allen, besonders meinem Schutzengel und meiner Hirnsberger Feenfamilie, die meine Augen für die Schönheit der Natur geöffnet hat. Auch gilt mein Dank dem Team der Ludwig-Redaktion und den Malern und Malerinnen. Sie alle haben dieses Buch mit ihrer Kreativität bereichert und sich bemüht, etwas von dem faszinierenden Zauber der Feen- und Engelwelt für Sie, liebe Leserinnen und Leser, einzufangen. Zu guter Letzt möchte ich mich bei den vielen Menschen bedanken, die zu allen Zeiten und in allen Kulturen Erfahrungen mit Lichtwesen gesammelt haben; sie haben uns einen reichen Erfahrungsschatz zurückgelassen, der uns dabei hilft, die Tore zur Feen- und Engelwelt zu öffnen.

Schlusswort

Liebe Leserin, lieber Leser! Wenn dieses Buch Ihnen einige neue Einblicke in die faszinierende Welt der Feen, Elfen und Engel gewährt hat, würde mich das sehr freuen. Die Lichtwesen der irdischen Sphäre, die Feen und Elfen, begleiten uns ebenso wie die Engel ein Leben lang. Wenn Sie den Kontakt zu den Begleitern der unsichtbaren Welten pflegen, werden Sie erleben, wie schön es sich anfühlt, aus unversiegenden Kraftquellen zu schöpfen. Ich möchte mich mit einem kleinen Segensspruch von Ihnen verabschieden:

Mögen die Feen und Elfen der Wälder,
Seen und Lüfte Sie mit der
unendlichen Kraft der Natur verbinden.
Mögen die Engel der Liebe und des Lichts
Ihre Seele allezeit durchstrahlen.
Mögen Sie behütet sein auf all Ihren Wegen.

Bildnachweis

Trotz größter Bemühungen konnten wir bei den Bildern S. 28 und 35 den Rechteinhaber nicht ausfindig machen. Wir bitten diesen sich beim Verlag zu melden.
Agentur Walter Holl, Aachen: Titel (Hans Georg Leindecker), Vorsatz, 18 li. u. (Una Woodroff), 20 (2) (N.N), 24 u., 26 (Norbert Lösche), 27 o., 41 re. (Joop Smits), 39 u., 62 li. (Garlent); AKG, Berlin: 9 u., 10 o., 15 o., 16 u., 29 u., 43, 56, 58 o., 59, 60 (2), 62 re., 64 u., 65 u., 67 u., 68 u., 91 re.o, 91 re. u., 92 re.u., 92 li.u., 93 li.o., 94 re., 94 mi.; Bildarchiv Steffens, Mainz: 11 (Rudolf Bauer), 17 (Hans-Joachim Rech), 18 re. u. (N.N.), 83 u. (N.N); Binder Rainer, München: 4-5, 8, 15 u., 16 o., 19 (2), 21 u., 32, 33 re., 34, 52, 69 u., 82 u., 83 o.; Bridgeman Art Library, London: 14, 28 u., 35 u., 54-55, 65 o., 73 (2), 74, 82 o., 84 o., 90, 91 li.u., 93 re., 94 li.; Bpk, Berlin: 7 u. (Dietmar Katz), 18 o. (Lutz Braun), 23 o. (Alfredo Dagli Orti), 24 o. (N.N.), 28 o. (Petersen), 31 u. (Knud Petersen), 33 li. (Christa Begail), 64 o. (N.N.), 66 o. (N.N.), 67 o. (Hermann Buresch), 68 o. (N.N.), 69 o. (Joseph Martin), 92 li.o. (Knud Petersen),93 mi. (N.N.); Fotoarchiv, Essen: 10 u. (Henning Christoph), 31 o (Andreas Riedmiller); Gettyone Stone, München: 66 u. (Turnsek); Image Bank, München: 27 u. (N.N.); Laif, Köln: 7 o. (Heidorn), 9 o. (Kirchner), 23 u., 88-89 (Piepenburg), 40, 50, 57 (C. Emmler), 41 li. (S. Kristiansen), 58 u. (Krause), 61 (Frank Tophoven), 85 (Hub); Look, München: 21 o., 84 u. (Konrad Wothe), 25 (Christian Heeb), 29 o. (Rainer Martini), 30 (Bernhard Limberger), 39 o., 44, 63, 75 (Florian Werner), 42 (Konrad Wothe), 45 (Jan Greune), 48 (Jürgen Richter); Südwest-Verlag, München: 35 (Joachim Heller); Visum, Hamburg: 12-13 (Martin Franz)

Impressum

© 2001 W. Ludwig Buchverlag, München, in der Econ Ullstein List Verlag GmbH & Co. KG, München

Alle Rechte vorbehalten. Nachdruck – auch auszugsweise – nur mit Genehmigung des Verlags.

Redaktion:
Dr. Margit Brand

Projektleitung:
Antje Eszerski

Redaktionsleitung:
Dr. Reinhard Pietsch

Illustrationen:
Verena Doering, München

Bildredaktion:
Gabriele Feld

Produktion:
Manfred Metzger,
Annette Aatz,
Monika Köhler

Layout:
Manuela Hutschenreiter,
Veronika Moga

DTP/Satz: Veronika Moga

Printed in Slowakia

Gedruckt auf chlor- und säure-armem Papier

ISBN 3-7787-3982-4

Register